14+

孩子，也许你该找个人聊聊

理解青春期的88个词条（从A到Z）

TA VIE SANS FILTRE

［法］安娜·图马佐夫 著
［法］梅洛蒂·丹图尔克 绘
欧瑜 译

北京日报出版社

图书在版编目（CIP）数据

孩子，也许你该找个人聊聊 / (法) 安娜·图马佐夫著;(法) 梅洛蒂·丹图尔克绘;欧瑜译. -- 北京：北京日报出版社, 2025.4. -- ISBN 978-7-5477-5007-0

Ⅰ. G479

中国国家版本馆CIP数据核字第2024N4D176号

北京版权保护中心外国图书合同登记号：01-2024-4206

© First published in French by Mango Jeunesse, Paris, France– 2022
Original French title: Ta vie sans filtre
Photographs: © Shutterstock
Simplified Chinese translation rights arranged through The Big Apple Agency

孩子，也许你该找个人聊聊

出版发行：北京日报出版社
地　　址：北京市东城区东单三条8-16号东方广场东配楼四层
邮　　编：100005
电　　话：发行部：（010）65255876
　　　　　总编室：（010）65252135
印　　刷：北京天恒嘉业印刷有限公司
经　　销：各地新华书店
版　　次：2025年4月第1版
　　　　　2025年4月第1次印刷
开　　本：889毫米×1194毫米　1/16
印　　张：14.75
字　　数：220千字
定　　价：88.00元

版权所有，侵权必究，未经许可，不得转载

前言

2019年春天，我在一家咖啡馆开始了我的冒险，因为在四周有人的环境里我最能沉醉在自己的思绪中。距离"女性主义者"公开呼喊出自己的愤怒已经过去很久了，但许多坏人巧妙地躲藏了起来，只待风止雨停。雷声一直在我心中隆隆作响，我心中涌起拯救那些我可以拯救之人的渴望，成为他们（以及我自己不曾有过的）可以依靠的大姐姐。我随处写下零星的句子，期望能平息内心的痛楚。而能够抚慰我的只有这些人潮涌动的空间，生活和它细碎的声音随着咖啡机和啤酒泵的节奏沙沙作响。

有时候，无声的恐惧令人筋疲力尽。但我从未特别喜欢过安静，独自呼喊没有任何用处：我觉得从长远来看，这会让我窒息。相反，一起呐喊，充满爱和激情，沉浸在战斗中的快乐拯救了我。我全力以赴地投入战斗，一路走来失去了睡眠、很多朋友和其他东西。当生活突遭这样的动荡时，你无法预先选择自己要做出的牺牲。

在注册网络社交账号时，我唯一的奢望，就是让那些大肆攻击我们的"喷子"们哑口无言，因为害怕我们的抗争最终会被他们动摇。然后突然之间，标签一个接一个，在一股突如其来的旋风中，这些页面在我的生活中引爆了一场地震。我发现自己在质疑一切。

在25岁的年纪，我们到底是谁？25岁之前呢？25岁之后呢？我相信我们永远都会是同一个人，历经岁月的洗礼，有时沉淀并自愈，有时崛起并绽放，周而复始如同人类社会的历史。我们的故事是独一无二的、个人的，但又如此相似；所有我们可以一起分享、体验的；所有我们面对自己的心魔、恐惧、不确定时的挣扎，面对自己的失败、迷惘、懦弱和悲伤时的抗争和战斗……想要明白这一切是我们的一部分，就必须了解和拥抱这一切，想要更好地接纳自己，就必须选择去爱我们的缺点和痛苦。

你知道吗，我们都是一样的。在华丽的外表下，在集会上，在微笑的背后，在节日的夜晚，在胜利的日子里，在被强加的挑战下，在照片和他人的评价之外，在我们自称是谁的背后，我们都是一样的。

==所以，就是这样了==。在这本书里，你会找到"无论如何都有的幸福"，不是社交网络上的那种，而是真实的幸福，不带滤镜的幸福，它会提醒你青春期会改变一切，只要我们还没有完全找到自我，青春期就会持续下去——话说回来，青春期真的会结束吗？——这场冒险既美丽又激烈，对真正了解自我的追寻是崇高的且永无止境。还有比学习之旅更美好的旅程吗？

==在后文中，==你将了解到你是谁、为何而爱、如何生存、去向何方，以及成为什么样的人——因为有一件事是确定的，那就是前方还有很长的路要走，它将是璀璨瑰丽的，有时你会在流泪时突然生出敬畏感，有时你会在快乐时又莫名悲伤，这条路上充满惊喜，充满混乱，一切都是美好的。你绝对可以成为你想成为的人，因为你有权面对矛盾，这是生命的馈赠，生命既会带来孤独，也能带来声名。

我希望你牢记：无论你在经历什么，无论你是谁，你必能在风雪中找到阳光、在黑暗中找到爱，即便是在那些一切都令人心生疑虑的夜晚。你要记住，你的每一份小确幸都预示着更大的幸福，因为它们不一定环环相扣，却会相继而来。快乐会有，你理应得之，总会有人在某个地方支持你——即便你尚未找到他们。

我在与你同龄的那十年获益匪浅，在此把我拥有的武器都送给你，还有继续前行、细细品味一切的渴望也都送给你，让你的白天充满光明，夜晚充满希望。

爱你，

安娜

目录

ABC

- 8　酒精（Alcool）
- 13　友情（Amitié）
- 17　爱情（Amour）
- 21　金钱（Argent）
- 24　占星术（Astrologie）
- 26　未来（Avenir）
- 29　美（Beauté）
- 31　好意（Bienveillance）
- 37　幸福（Bonheur）
- 40　名气（Célébrité）
- 41　心痛（Chagrin d'amour）
- 45　松弛感（Chill）
- 46　香烟（Cigarette）
- 48　愤怒（Colère）
- 50　初中（Collège）
- 55　难堪（Complexe）
- 58　信心（Confiance）
- 60　冲突（Conflit）
- 64　伴侣关系（Couple）
- 68　危机（Crise）
- 70　批评（Critique）
- 73　文化（Culture）
- 76　网络欺凌（Cyberharcèlement）

DEF

- 78　搬家（Déménagement）
- 80　欲望（Désir）
- 81　哀悼（Deuil）
- 84　作业（Devoirs）
- 86　离婚（Divorce）
- 88　搭讪（Drague）
- 91　失败（Échec）
- 95　生态（Écologie）
- 97　情绪（Émotions）
- 101　高等教育（Études supérieures）
- 104　家庭（Famille）
- 108　疲劳（Fatigue）
- 111　女性主义（Féminisme）
- 119　体液（Fluides）
- 120　信仰（Foi）
- 122　力量（Force）
- 124　着装（Fringue）

GHI

- 126　善良（Gentillesse）
- 129　街头骚扰（Harcèlement de rue）
- 132　柠檬精（Haters）
- 136　诚实（Honnêteté）
- 138　羞耻（Honte）
- 139　乱伦（Inceste）
- 141　网红（Influenceurs et influenceuses）

JKL

- 142 嫉妒（Jalousie）
- 144 公正（Justice）
- 147 法律（Loi）
- 148 高中（Lycée）

MNO

- 153 成年（Majorité）
- 155 化妆（Maquillage）
- 157 媒体（Médias）
- 159 死亡（Mort）
- 162 音乐（Musique）
- 164 正常（Normalité）

PQR

- 165 大流行病（Pandémie）
- 166 皮肤（Peau）
- 168 恐惧症（Phobie）
- 170 体毛（Poils）
- 173 人气（Popularité）
- 176 青春期（Puberté）
- 178 月经（Règles）
- 181 社交网络（Réseaux sociaux）
- 184 梦想（Rêves）

STUV

- 186 心理健康（Santé mentale）
- 192 身体健康（Santé physique）
- 194 乳房（Seins）
- 196 追剧（Séries）
- 198 孤独（Solitude）
- 200 运动（Sport）
- 201 实习（Stage）
- 202 压力（Stress）
- 203 自杀（Suicide）
- 206 手机（Téléphone）
- 209 真人秀（Télé-réalité）
- 211 羞怯（Timidité）
- 212 宽容（Tolérance）
- 214 毒性（Toxicité）
- 217 出汗（Transpiration）
- 219 创伤（Traumatisme）
- 221 进食障碍（Troubles alimentaires）
- 224 纯素主义（Véganisme）
- 227 强奸（Viol）
- 230 暴力（Violence）
- 233 职业教育（Voie professionnelle）
- 235 旅行（Voyage）

酒精 (Alcool)

生活不是一场狂欢——我也常常希望它是，但现实是：酒精带来的并不只是乐子。
我想以一个理智的成年人的身份告诉你，在任何情况下都不要喝酒。
但事实上，很多理智的成年人都会喝酒，因此对你进行这样的说教是非常不合适的。
但我凭借成年人的经验可以给你一些关于如何饮酒的具体建议，
如果你真的想喝，也可以降低一些风险。

所有的酒精饮料都含酒精

在你以痛苦的代价意识到这一点之前，让我先给你讲点基础知识：所有的酒精饮料都含酒精。无论你是在酒吧、餐馆还是在家里，无论是啤酒、鸡尾酒、威士忌，你杯子里所含的酒精的度量标准都是一样的：这叫作"酒精单位"。为什么呢？因为酒精饮料是根据每种饮料的初始酒精度来供应的：酒精度越高，你杯子里的酒就越少。所以，请记住这一点：一单位酒精就是一单位酒精。

一标准杯酒精饮料

一标准杯 = 10克酒精 = 一单位酒精

25 ml 茴香酒

25 ml 威士忌酒

70 ml 餐前酒

250 ml 啤酒

100 ml 香槟

100 ml 红葡萄酒或白葡萄酒

25 ml 餐后酒

喝酒不是比赛，你不必喝到烂醉

成为派对上最能喝的那一个、呕吐、耍酒疯之类行为一点儿都不酷。这种事情可以发生一次（插播：你醉酒后的反应取决于你的状态、吃了什么以及你的心情），但不要习以为常。我首先想对你说：因为无底线当众耍宝而成为别人取笑的对象，这种逗趣不会持续很久。我还要对其他人说：没有什么比和一个你必须在派对结束时对他负责的人在一起更令人难受的了。

记住你在派对上度过的美好时光，会远比知道自己比某某能喝更让人高兴。

处理宿醉的妙招

宿醉是真正的活受罪：你摄入的酒精会在一段或长或短的时间内被艰难地排出体外。疲劳之外，你的身体还会渴望酒精。这就是为什么有些人通过再次喝酒来对抗第二天的痛苦。我强烈建议你不要养成这种习惯，因为这种做法肯定会成瘾（即强迫性地需要使用某种物质）。此外，酒精会让你的身体脱水，所以你的首要任务是大量饮水和休息——我保证这股难受劲儿会过去的。另外，我建议你从派对回来之后、睡觉之前就开始补水，甚至可以在派对上就开始补水。

狂欢的第二天往往意味着身体疼痛、疲劳、焦虑甚至抑郁，这因人而异。再次大量饮水，好好休息，注意不要吃垃圾食品：你的脏腑已经遭受了酒精的痛苦，不能再让它们雪上加霜。这个时候，我建议你不要做任何决定：如果你知道自己的日程安排很紧，那头一天就不要喝酒……或者保证适量。

羞愧死不了人

我再来说说宿醉导致的心理症状。在睡得少、喝得多的时候，头天晚上做的一切都会显得糟糕。但是，请记住我希望自己年轻时就能知道的一些事情："摔个大马趴不丢人""羞愧死不了人"……

因为尴尬，你可能决定再也不喝酒了——顺便说一句，你可以这么做——但也不要太过苛责自己：如果你没有不尊重任何人，就不要责怪自己太实诚。意乱情迷时说的心里话不要紧，有时这反而可以让窘境迎刃而解——但你仍要为自己所说的话负责，我强烈建议你这样做，因为这也是作为一个成年人的意义所在！但是，不要让酒精成为你在需要勇气时首先想到的求助对象……

饮酒带来的问题不容忽视

看到"酗酒"这个词，你一定会想到一个孤独悲伤的人独自躲在家中喝酒的画面。这正是问题所在：这种刻板印象往往让我们对很多酗酒的情况视而不见。

根据法国公共卫生局（SPF）和法国国家癌症研究院（INCa）的官方数据，每周饮酒超过10杯、每天饮酒超过2杯，且天天都要喝酒，就是酗酒。事实上，低于这个阈值的饮酒量已经对健康不利了，尤其是对你正在发育的大脑来说！如果你觉得自己或朋友的饮酒量有问题，而且你对这种情况感到不舒服了，要毫不犹豫地说出来，并去咨询医生。

即便有这些数据作为支撑，酒仍然被视为社交和节日饮料，因为它有让人感到愉快和缓解焦虑的作用。在你没有意识到的情况下，正是这些作用让你上瘾，无论是独自一人还是呼朋唤友，饮酒带来的快乐远远超过其他娱乐。根本性的问题是，豪饮被看作是一件很酷的事情。因此，社会美化了酗酒，但这种成瘾是一种疾病——而且是仅次于吸烟的"可避免的"死亡原因。

学会无酒也欢

你有没有意识到，桌上没有酒你都没法招待朋友？在很多社交圈子里，任何事情都能成为喝酒的借口：好消息、重逢、重要的活动或仅仅只是休闲时刻。喝酒就这样成了一种无意识的行为。但是，我们完全可以在不喝酒的情况下共享美好时刻。想想这些时刻里你最喜欢的是什么：与友人的交流和体验，还是只有喝酒？

保持大脑（部分）开机

当你喝酒时，你可能会做一些让自己后悔的事情。当夜幕降临时，想一想目前占据你头脑的事情，并列出要避免的事情——那些你宁愿不去想和不去谈的事情。如果你担心自己"酒后乱发短信"，那就放下手机，甚至还可请朋友看住你，不让你碰手机。

事情还不止如此：很大比例的不当性行为都是在酒精的影响下发生的，因为在一个我们有时没有勇气清醒面对自己的迷恋和感受的年纪里，酒精似乎让一切变得更加容易。

最后一件重要的事：不要在酒后开车，也不要与喝了酒的司机同乘一车。酒精会让人感觉无所不能，因此，无论多么充分的理由，都要竭尽全力不让喝多的朋友离开。无数的生命就是这样终结在医院、公寓或马路上。这种游戏得不偿失。

请善待那些不跟你喝酒的人

喝酒是一种真正的社交压力,这在我们的朋友圈、家庭圈和职场圈都有所体现:要么做"享乐家",要么当"扫兴鬼"。不幸的是,每个人都要喝醉了才能跳舞或进行真正的讨论,才能不带羞愧地"放飞自我",这种想法非常普遍。

然而,滴酒不沾或很少喝酒的原因有很多:曾深受酗酒之苦,有与饮酒有关的创伤,正在接受治疗,或只是不喜欢喝酒。这些人的数量比我们想象得多:15%的法国人从不喝酒!

因此,请善待那些不跟你喝酒的人。你不需要提出或坚持喝酒这个话题:要么是出于某种特殊原因你无法说服对方,要么就纯粹只是愿不愿意的问题。这个时候,你只需要换位思考。你自己也不喜欢被迫吃不喜欢的食物……你知道什么人会说"来吧,你肯定会喜欢的""你加把劲儿就行了""你真没劲"之类的话吗?

➡ **另见:羞耻、心理健康** ⬅

友情 (Amitié)

你肯定会碰到一些你喜欢和他们待在一起的人：同学、邻居、球友、一起去剧院或度假的伙伴……其中一些人对你来说特别重要，以至于你可能会觉得你不能没有他们。

友情是生活的支柱：它是把两个彼此深深依恋的人联系在一起的纽带。

催人前行的力量

在你这个年纪（以及你的一生之中），你会在某些时期不再清楚地知道自己是谁、要去哪里或为了什么——简言之，你会碰到很多问题。你的身体发生了变化，你和家人的关系也发生了变化，而学校里的事情也变得复杂。幸运的是，你可以借助身边强大的支持克服这一切，这些强大的支持就是朋友。他们是了解你的一切的人，他们倾听你的心声、与你共度美好时光，从而创造了很多美好的回忆。友情给你力量，首先就是无所畏惧地面对一切的力量。

呵护你的友情

每个人表达友情的方式都不尽相同。最简单的方式仍然是清楚地表达自己的期望。这是一种可能会让你略觉尴尬的交流，但它对确保你的友情与你的所想和所需相符极为重要。我们倾向于认为自己的思维或交流方式是放之四海而皆准的，正是因为我们通过这样的方式来看待世界，所以难免会产生误解。你不如省下解读的时间而是尽量把话说清楚。

但是，没有必要逼自己在所有的关系中寻找可以证明友情的蛛丝马迹，因为有些友情，即使很少见面，也永远不会改变。这种类型的依恋，你只需确保与那些让你感觉良好和真心想见的人共度美好时光，并尽可能在你朋友遭逢危机的时刻，陪伴在他们身边。

五种依恋

盖瑞·查普曼在他的
《爱的五种语言:创造完美的两性沟通》中写到，
有五种方式可以表达依恋。

- 在一起的时间（你一直盯着手机的时间不算）
- 提供的服务（或自发提供支持和陪伴的能力）
- 积极的话语（包括赞美以及明确的友情宣言，那些异常暖心的话语）
- 身体接触（关于这一点，我要强调的是，不是每个人都喜欢身体接触）
- 礼物（可以是早晨到校后分享一个面包，或是一件你喜欢的衣服）

交朋友的方式有很多

不要把朋友和伙伴混为一谈！朋友是可以坦诚相待、毫无保留的人。哪怕你人气很高、到哪儿都有人邀请、社交动态的评论区里满是留言，你身边也必须有可以完全信任的人……在任何情况下都可以信任的人。

成群结队出去玩是件很棒的事情，玩得开心、体验很多东西，还能给你很多力量。然而，请记住这一点：重要的是建立真正的人际关系，更加亲密的友情。也就是说，要有你时常见面（或打电话）、可以与之坦诚交流的亲近之人。

你可能会哀怨地看着这些你认识的人。事实上，我们要花很长时间才能明白：表象往往是骗人的，真正的朋友很少。被众星拱月的人在困难时期有时会非常孤独。不要太纠结于围绕在你身边的人：没有儿时朋友、没有一群可以拍照的小伙伴，或是你的朋友之间的关系比跟你的关系更亲密，这都不是羞耻的事情。唯一的原则是，和你一起出去玩的人真的让你感觉舒服。

如果你真切地感到孤独，但又不知道如何才能在新学校或新单位找到可以分享的人，别慌！你会发现结交朋友的机会有很多：通过熟人的熟人、兴趣爱好，甚至互联网——但要谨慎，你并不总是知道躲在屏幕后面的是谁。你肯定不是唯一会感到尴尬的人，所以放手去做吧！去关注他人的生活、爱好、家庭、梦想……定期询问他们的状况，提出聚会的建议……友情会比你想象的容易得多。

当心有毒的关系！

就像爱情一样，友情也可能有毒。相识已久并不能成为在你的生活中保留那些不曾带来任何益处之人的理由，比如那种相识多年却只会羞辱你的"好友"。相反，你应该去亲近那些刚刚认识却让你感觉很好的人。

第一种情况，过于强势或虚伪的人：对方的出现让你倍感压力，你害怕他们的评判，或是见面之后感到不舒服，这都是不正常的。这些人可能不是朋友，只是你不信任的熟人而已。你有权远离他们。

第二种情况，占有欲很强的人：你不会以独占的方式开始一段友情。有些人无法理解你和其他人往来。但是，你必须跟他们解释清楚，你对一个人的感情丝毫不会减损你对另一个人的感情。更棒的是，你们可以三四个人一起出去玩，如果不会造成紧张气氛的话！看到自己的朋友之间建立联结是很棒的事情。如果你被要求在两个人之间做出选择，你可

以和对方谈谈是什么让他感到痛苦，以及如何解决这个问题，不要因此而改变你的行为：在这种情况下，应该由对方来反思他自己的不安全感并做出相应的决定，而不是你。

第三种情况，吸走所有能量的人：你不能替朋友扛起生活的重担。在他们困顿的时候施以援手是可以的，但让他们的心理健康，甚至是他们生存的重担都落在你的肩上就不好了。如果有人对你要求过多，你就要跟他谈谈，好重新平衡关系，或者跟这个人保持距离。但也要注意你自己的倾向。很多人都经历过"救世主综合征"，一种想要拯救整个世界的病症——带着满腔的热情与真诚专注于解决他人的问题。重要提醒：人只有先照顾好自己，才可能真正帮到别人。

友情也有终结时

友情，就像爱情，有开始的那天，就可能有结束的那天。有时候结束了甚至更好。我们不应该仅仅因为一起度过的时间就停留在痛苦的关系中。

一段友情不必以血泪告终，我们只需冷静地讨论哪里不对了、什么是无法再接受的——也许以后能重修旧好，那时也许我们已经放下，也许没有。不管怎样，为了让一切顺利，即使你已经决定再也不见那个人，有几条规则可以让你不会违背本心并避免出现问题：不要在背后指责你的前朋友，即便你发现对方在背后指责你。这样做不会有任何好处，只会让你因为玷污了一段可能在某段时间让你有所得的友情而痛苦。更重要的是：不要泄露前朋友的秘密，即便你觉得对方罪有应得。曾经的友情会让我们亲密得无话不谈，所以背后揭人隐私真的就是你能对别人所做的最肮脏的事情。

和爱情的丧失之痛一样，友情的丧失也可能是痛苦的。我们总以为朋友非常了解自己，所以如果朋友抛弃了我们，就意味着我们自身一文不值。

事实上，事情没有那么简单。即使两个人的生活经历交织在一起，一方也不需要为另一方的情绪负责，虽然这些情绪可能成为一个人行为的决定性因素。不要因为你无法掌控的事情而质疑自己。

另见：爱情、家庭

爱情 (Amour)

通常情况下，"爱"这个词被用来指代爱的感觉。心跳加速，渴望见到对方并和对方越来越亲密：对爱的描述随处可见，在你最喜欢的歌曲和电视剧里都有。如你所知，人性是复杂的，爱的形式和关于爱的名言警句一样多。但在这里，我们只讨论众所周知的爱的感觉，因为我猜（每个人都明白，不是吗？）这是一个你关心的问题。

目眩神迷很正常

别担心，如果你对某个人心动不已，你不一定会感到不舒服。但如果你已经有过这样的经历，你可能就会知道：你会意识到自己动心的那一刻是很特别的。

我们经常用"心头小鹿乱撞"来形容这种情况：你的心跳加速，把你的血液推向头部。你的大脑可能也忙作一团，常常因为想着这件事而心不在焉——而且，当你突然缓过神来，所有的感官似乎忽然之间变得甜蜜起来，你可能会认为自己很傻。也许这种情况给你带来了很多快乐，让你嘴角带笑想唱歌。

相信你的直觉！

与此同时，所有这些全新的感觉可能会让你感到不安。坠入爱河也意味着不确定这种感觉是不是相互的——而这种不确定的感觉可能很可怕。

对此，我的建议很简单：听从你自己的直觉。如果你有很多疑虑，而你周围的人在你谈及这个问题时持保留意见，你不要只是为了证明自己可以做到，或是为了逃避孤独而一头扎进一段会伤害你的感情里。相反，如果你没有太多疑虑，在内心深处感觉到对方对你也有同样的感觉，那么就深呼吸，然后放手去爱吧。一切都会顺利的。

我们拥有一种非常强大的直觉，你完全可以相信它。

享受幸福

你爱他，他也爱你。这是一种值得珍惜的感觉。这种感觉不必持续一生，因为在这方面没有任何规律，也没有保质期。无论如何，一旦事情确定下来（我向你保证，把感觉说出来会节省很多时间。在爱情方面，"沉默是金"完全不适用。），你就安心地享受吧，如果你想把时间尽可能多地花在男（女）朋友身上，这完全没问题。没有人可以为此责怪你。

这是你的幸福时光，爱情的最初——以及随后的那些时刻——是值得两个人一起品味的珍贵时刻。你有权不跟别人分享自己的爱情故事，即使周围的人很想知道：你们之间发生的事情只和你们有关。不要谈论让你感到不舒服的事情！在社交网络上也是如此：只有在真正喜欢分享的时候再发布关于你们的信息。如果你发布一张养眼的情侣照只是为了向周围的人证明什么，那就不要强迫自己这么做。请记住，你们展现得越多，就越容易招来他人的评论——这些评论也许并不总是善意的。对别人的话不要太在意，专注于自己的感觉，享受并放手去爱。

真实的爱情并不在泰坦尼克号上

电影（和相当多的艺术作品）热衷于让人们相信：只能爱一次，只有和灵魂伴侣共度一生，我们的人生才有意义。这很浪漫，却不是真的。当然，有些人一辈子都和同一个人在一起，这很好，但不是必然。

我们一生中可能会爱上不止一个人。比方说，如果你现在心碎了（我们稍后会详细讨论"心痛"这个问题），你还是可以再次去爱的。心的构造就是这样：你爱了，你还可以忘记，甚至自愈，然后你的心会为另一个人再次融化。

毁灭性的激情，比如在电视剧里风行的只有通过痛苦和缺失才能得到爱，这实际上是对爱情的错误理解。虽然这种爱情观因其炽热强烈而极其诱人，但要记住，在日常生活中，健康的爱情应该让你神采焕发和感觉良好——简言之，为你的生活增添幸福。

关于爱情没有普遍的真理。你也可能在没有爱人的情况下幸福地生活，这没什么可耻的。有选择的孤独比"强扭的瓜"甜。

你会明白的，不要把自己局限在对爱情的幻想中，也不要试图去迎合文学作品中或你周围人传递出的社会习俗。

爱自己！

正如我们常说的，把最好的留到最后——最好的有时也是最难的。有一种爱，它非常重要，它决定了你可以给他人的爱，尤其是在爱情关系中：那就是你对自己的爱。这种爱至关重要，但常常被忽视。爱自己不总被看好，也许你就曾说过某人太爱他自己。在现实中，你不可能太爱自己。但请记住，你的一生肯定都会和一个人一起度过，那个人就是你。

所以，要善待自己，不要粗鲁或疏忽。与自己共度美好时光，让自己在悠长的漫步中静心思考，在独处时全身心地投入喜欢的、能带来快乐的事情中。列出你的长处、优点、所有你做成的事情、所有你克服的伤痛。你不需要通过别人来实现自我的圆满。经常提醒自己，你拥有力量，你是独一无二的，即使犯了错，你也值得拥有尊重和爱。你值得以他人关注之外的方式去爱自己。来自他人的爱很美好，但自己爱自己更重要。

➡ **另见：友情、心痛、伴侣关系、欲望、家庭、毒性** ⬅

金钱 (Argent)

金钱既可以让生活更加便捷，
也可以让生活更加复杂，这就是它会引发很多问题的原因。

别人的钱与你无关

不要评判别人花钱的方式。每个人接受的教育不同，你不可能总是知道金钱对某个人意味着什么。

有的人没什么钱，而且不一定会告诉你。这一点在外出或度假时很快就能看出来。如果你觉得自己身边有这样的人，千万不要强迫他解释为什么不能像你或其他人那样花钱。如果你关心对方并能负担得起，那就不动声色地替他付账，别让他发觉。

另外要记住，如果你来自富裕的家庭，这没什么值得骄傲的：钱不是你的，是你父母的。家里有钱不会让你高人一等。如果你没钱，也不要觉得难堪：这也不是你愿意的。最后：不要试图让别人以为你来自不同的社会阶层。你可以尝试让自己看起来很有钱，但总会有无法继续下去的一天，这会让你感到很不舒服。

金钱不是万能的

金钱是一个不平等社会的事实，在世界范围内、国家范围内、家庭范围内都存在金钱分配不均的问题。因为金钱让人可以或无法去做一些事情，所以它部分地决定了幸福。然而，就算不必虚伪地宣称没有金钱我们也能活得很好，金钱也不能带来幸福：你可以富有但孤独，可以富有但疾病缠身，也可以富有但不快乐。所以，你要记得去经营自己的生活，而不仅仅是以金钱为标准去看待生活。

即使你很有钱，你也没法把钱带进坟墓，那为什么不与人分享呢？把钱捐给你心仪的慈善机构，或是把钱拿给街上的乞讨者。如果你不打算捐钱（即便你有钱！），你也可以通过做志愿者，通过艺术或社交网络去唤起公众意识，或是花时间陪伴需要陪伴的无家可归者。

心安理得地花钱！

无论身处何种境况，你都要学会善待自己！这并不意味着一次花光所有的钱，而是说要允许自己不必思前想后、把一部分钱花在想要的东西上。另外，要记得攒钱。这么做会让你慢慢承担起责任，这对你将来的自立至关重要。相信我，完全不懂如何花钱真的会让你陷入麻烦！如果你发现自己做不到，可以试着记录你一个月的开支。你很快就会发现问题所在——然后做出调整。这里省一块，那里省一块，积少成多就会带来改变。

无论如何，不要为你的收支比感到内疚，更不要因为和他人比较而感到内疚：收支比在很大程度上取决于教育程度和你拥有的金钱数额。你可以花钱享受，也可以节俭度日！

自己赚钱

就算还没成年,你也可以找到赚钱的方法,比如给家人或邻居提供服务(照看孩子、打扫卫生、洗车……)。年满16岁,你就可以找一份正式的工作了。

在征得父母同意的情况下,购买或转售二手衣服、饰品、小件家具等,不仅可以让你赚钱,还可以让你省钱。做法很简单:你可以到商店、二手店,还可以通过应用程序和专门的社交网络扫货。

赚到自己的第一笔钱时感到陶醉是正常的。乘此机会为特定的事情存钱会是个不错的做法,但不要忘记:你也有权让自己享受一下!

最后一点:缺钱是一种困难的境况,你会感到举步维艰。我知道这有多烦人。但拜托,不管怎样,即使你觉得自己失去了一切,也不要因为缺钱而放弃可能改变生活的机会。到处看看,找一份临时工的工作或者发起筹款,不要决绝地丢下一切。不要放弃。

→ 另见:家庭 ←

占星术 (Astrologie)

不管你信不信占星术，你肯定经常听人说起它，因为它很热门。
占星术是一种根据我们出生时行星在天空的位置来解读我们的性格和状态的学说。

主要原则

相信占星术的人认为，借助所谓的"出生图"，我们可以了解一个人的行为和思维方式。所有这些不仅是按出生时间，也是按出生地算出来的。因此，太阳星座（太阳在我们出生的月份位于的星座）代表我们生命中的主导、野心、欲望……根据占星术的说法，上升星座决定了我们有意让他人看到的个性，也就是说我们选择的自己与世界相处的方式。月亮星座对应出生时月亮的位置，决定了我们对情绪的管理。而在一张完整的出生图中，还有很多元素需要去解读。

有争议的做法

并非所有的人都认同占星术，哪怕一些信徒将其提升到了"科学"的高度。老实说，我自己对占星术是半信半疑的。不过，让自己几个小时都沉醉于寻找星空中的星座也是一件令人兴奋的事情。另外，不要自欺欺人。不过不管信不信，占星术都是一个不错的话题。有的人特别喜欢占星术，因为觉得它印证和揭示了某些事情：这叫"巴纳姆效应"—— 一种心理偏见，它促使人们认为笼统的人格描述准确地解释了自己的特点。

对号入座

按照占星术的说法,每个星座都对应一个元素。以下是这些星座的一般特性:

- 水象星座(双鱼座、巨蟹座、天蝎座)= 细腻、敏感和善变。
- 风象星座(水瓶座、双子座、天秤座)= 野性和神秘。
- 火象星座(白羊座、狮子座、射手座)= 性格大气、行事果断。
- 土象星座(摩羯座、金牛座、处女座)= 安静、有序,甚至挑剔。

➡  另见:文化、信仰 ⬅

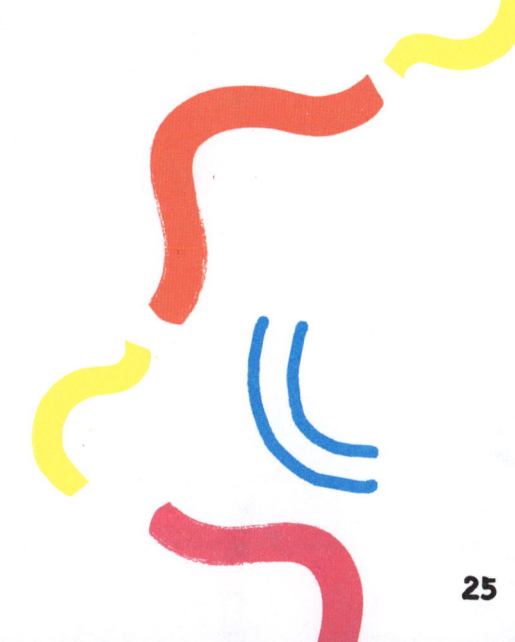

未来（Avenir）

**顾名思义，未来就是还没来的事情：
世界会变成什么样子，特别是你会变成什么样子！**

焦躁不安是正常的！

对未来感到恐惧是正常的。在不确定的社会里，你正处在一个不知道自己想成为谁的年纪，更不知道自己会成为谁。有时候，你会比较准确地知道自己想要什么；有时候，你会完全改变想法，甚至想要知道自己是谁。你会问自己：我的选择对吗？我会有安稳的生活吗？我会幸福吗？我会后悔吗？

由于没有典范式的生活可以参照，所以想要知道你的渴望和选择是否适合你，唯一的办法就是尝试。有时候，你会出错或失败。你不可能事先知道选择的结果——但这不正是生活充满期待、令人兴奋的原因吗？

一切都会悄然而至

你的未来包括很多方面：职业、爱情、家庭、朋友……不要以为完成这些事总有个特定的年龄或期限。当然，你可以有目标：从事某种职业、生孩子、去旅行，或做任何你喜欢的事情。但是，你无法准确预测未来几年会发生什么。生活充满了各种意想不到的情况，我们有时会绕一些弯路才能达到目标。别有压力，把时间花在美好的事物上，就现在！该来的都会来。

对世界及混乱的一切保持冷静

不要被这个世界上发生的一些让你感到恐惧的事情淹没。整整几代人都是在异常艰难的境况（比如战争）中长大的，尽管身处困境，他们依然生活了下去。如果一些新闻让你感到紧张，那就屏蔽它们，去做一些让你感觉好的事情：听音乐、做运动或散步。日常生活已经让你够操心的了，没有必要再为那些你无法控制的事情徒增烦恼。

切实地为你的未来做好准备

这世上没有万全之法。在想到未来的生活时，你可能会觉得看到的是一大团模糊不清的云。这很正常，因为你会面对很多的可能性。如果你已经有了梦想的职业，那就必须记住两件事。

第一，你现在就可以开始为自己的梦想而努力。这是没有年龄限制的！根据领域的不同进行一些与所需技能相关的课外活动，通过查阅书籍、上网或找顾问获取信息，甚至可以追随从业人员学习。这些人往往比你想象的要平易近人！

第二，你可以改变看法：这意味着你现在梦想的东西，可能在几年后就对它没兴趣了，这完全没问题。人类在不断进化，人类的渴望也是如此，特别是在你这个年纪。你的爱好也一样，如果你喜欢某件事情，那么就利用空闲时间全力以赴。即使遇到困难也要坚持下去。你今天取得的进步会在明天结出累累硕果！还有一件事你必须相信我：你永远不知道你的爱好会把你带到哪里。

深呼吸：一切都会好起来

尽管这个建议在你看来可能没什么出奇之处，但它是实实在在的：无所事事或无聊烦闷的日子可以锤炼你，而且非常适合助你养成良好的习惯，这样的话，之后的状况就会好过现在。思考一下你想安排的事情（列一张清单：它有助于你整理自己的想法），并静静等待接下来的事情。

我建议你可以做一个简单的练习让自己安心。想想你周围都有些什么人、占据你大部分空闲时间的都是些什么事。你现在的生活和一年前的生活是否完全一样？你以前是否想到过会认识现在的朋友、从事现在的活动或拥有现在的爱好？尽管生活有时会陷入困境，但它也会给我们带来美妙的惊喜。

另见：松弛感、危机、失败、生态、高等教育、梦想、职业教育

美 (Beauté)

顾名思义，美的东西就是符合审美典范的东西。但谁来决定什么是典范呢？在现实中，美可能是占去你很多心思的东西，但要对它做出评价也没那么简单。

因时因地而异的美

美的标准在不断变化，一年不同于一年，看到曾经的缺陷变成了如今的魅力之源是件很有意思的事情。比如，在我还是少女的时候，女孩子要拔眉，尽量把眉拔成一条线，而现在流行野生眉，让我们可以尽享不用拔眉毛的喜悦。还有很多例子：翘臀，几年前还被嘲笑，现在却备受追捧；线条分明的女性下颌，曾因"男性化"而受到批评，现在却备受赞赏。今天被形容为难看的东西，很可能明天就是光彩夺目之物。

另外，不要被满屏的标准化面孔和身材所迷惑！以下这个事实再怎么强调都不为过：这些照片都是从数百张精修照片里挑出来的，所以不要拿你日常的样子去跟那些不真实的面孔比较。如果这些推送让你喘不过气来，你可以通过更改订阅的方式来训练算法。

"美丽特权"

美会影响人际关系。这就是我们所说的"美丽特权"。很简单：正如心理学研究所表明的那样，我们会不自觉地将更多的优点赋予美丽的人，并更容易信任美丽的人。然而，这一切都是在无意识中发生的，很多问题依然存在，特别是关于美丽的人对我们行为产生的具体影响。最后，虽然出于上述原因符合美的标准是有利的，但美也可能招致仇恨和嫉妒——特别是在女性之间。

萝卜青菜各有所爱

我们爱一个人的时候,就会觉得这个人越来越美;因此,在我们对美的构想中也有一部分主观性。看看你自己和身边的人,每个人喜欢的东西可以是完全不同的!你无法抗拒的东西,你的朋友可能会对它无动于衷。美无处不在:我们都有自己喜欢的风格……想想看,每个人都能找到符合自己审美的东西,多好啊,不是吗?

同样,请你记住,生活中不仅仅只有美。不管怎样,美不该界定你的魅力或友情:不要让自己受到蒙蔽!此外,你很快就会意识到,如果随随便便就迷上一张漂亮的脸蛋,那你周围可有太多这样的脸蛋了。而如果还有比美更重要的东西呢?实际上,某个人能让我们迷恋的远远不只是美。

人人都会感到难堪

有的人拥有美丽的外貌,但自己却看不到这一点。如果你认识这样的人,请不要责怪他们:在各种限制下,爱自己是一件非常复杂的事情,更何况我们看待自己的眼光总是非常挑剔,我们的目光总是更多地聚焦在自己不满意的地方。如果你就是这种情况,那么你可以多关注一下别人是怎么看你的,如果这些人对你外貌的某些方面持有一致的看法……那肯定是有原因的!

➡️ 另见:难堪、化妆、正常、社交网络 ⬅️

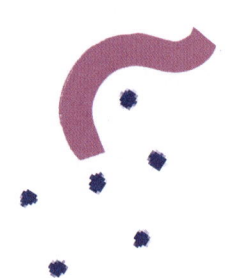

好意 (Bienveillance)

好意，就是想别人好。
我们从小被教育要保护好自己、防人之心不可无，这可能会导致我们行为失当。
但如果把这条准则颠倒过来，那将是多么幸福啊！要是从你开始这么做呢？

充满好意的世界

要知道，表达好意不过是举手之劳，好意能让生活忽然间变得轻松起来。在你错误行事、以貌取人或批评他人之前，你只需问问自己，如果每个人都这么做，或者别人对你这么做，你会有什么样的举动。这会让你改变想法并推动你善待他人。

让我把话说得再明白些：当你与他人和谐相处时，当每个人都能得到倾听、尊重、关心和支持时，生活就会更简单。我们在自我成长的过程中会形成一定的乐观情绪。这是一个良性循环——也就是说，你越是努力地表达好意，你就会被越多的好意围绕。我们很需要好意！没有人愿意生活在争斗中。

你必须意识到，你并不了解别人的状态，特别是心理状态。你不会想要因为一点小事就成为压垮某人的最后那根稻草。展现好意，还意味着你有勇气假定他人能够心怀好意并对他们心怀好意。这样做能让人更放松，包括你自己。

你也必须接受一个事实：并非每个人都会像你一样行事，或和你有一样的弱点以及相同的表达方式和互动方式。不要总想着压人一头，事事争先只会适得其反。在我看来，好意比信念更重要。比如，通过伤害别人来赢得辩论有什么意义呢？我的意思显然不是对严重的事态听之任之，只是说没必要不惜一切代价都要胜人一筹。你要"三思而后怒"。

善待周围的人

在集体讨论中,不要只是干等着轮到你发言、讲述你的人生故事。认真倾听周围的人,关注并询问他们的生活:这叫作"积极倾听"。这种关注能够让你鼓励、称赞他们并和他们一起欢欣鼓舞——简言之,和他们建立真正的联结。因为不仅对方会感到被倾听,而且你自己也会感到高兴。通过对所爱之人生活的了解去多多支持他们吧!在友情中,没有什么比感觉到总会有人陪伴在身边更温馨的了。最后,终极的好意,也许就是让你所爱的人知道你永远都会陪伴在侧,即使生活颠沛会让你们暂时分离。

称赞也是很可贵的做法,而且你很快就能养成称赞别人的习惯——即便是对那些不大习惯接受称赞的人。当你和某人交谈时,你要提前想到应该在谈话结束之前(真诚地)称赞对方的装束、行为或人品,这会让大家都感到舒服。你也要做好心理准备——对于一些人来说,接受称赞并非易事。

善待每一个人

一个小小的举动可以改变一个人的一天，甚至改变一个人的一生———如恶意会造成巨大的伤害一样。你也许会学到伊曼努尔·康德的绝对命令：他认为，我们必须以一种普遍化的方式行事，这种方式会让人类变得美好。因此，这就意味着采取一套你在一开始可能会觉得奇怪的行为，特别是如果这些行为对你来说并不自然，但你会看到好的事情随之而来。

你要像对待所爱之人那样去对待每一个人，照顾他们并接受他们的弱点。比如，你可以在乘坐公共交通工具时对同乘的老年人报以微笑；你还可以给提着行李箱艰难爬楼梯的邻居搭把手；你也可以对帮助你或满足你要求的人表达由衷的感谢……这么做让人感觉很好，让我们的关系富有人情味儿，还能让在那一刻真正有需要的人露出会心的笑容。我们克制自己，因为我们从小被灌输的认知是：表达好意是一种奇怪的举动。多么可笑的想法……要是我们改变了这一切会如何呢？

柔化你和他人的生活

表达好意也意味着在发生冲突时宽待他人。当不得不批评某人时，你要在适当的时候去批评，而不要在仓促之间，要知道对方可能也想回应（否则这就像是报复，对任何人都没有好处）。这样做有助于达成原谅和宽恕，这对每个人都有好处。不要当众发表会让人难堪的意见——即使你觉得自己的愤怒合乎情理。因此，请私下解决问题：这样更合适，而且不会像是秋后算账，还能促使当事人坦诚相待，因为你不惧他人的评判。

在爆发冲突时，表达好意是更简单并能够缓和事态的做法。原则是不要委曲求全，而是具有同理心，然后拉开距离，把注意力集中在你周围积极的人身上（如果没有这样的人，那就去做一些可以独自进行的活动：孤独不会永远持续，它能教给我们很多东西）。这是最不累人的做法，而且还能化解冲突，让对方不会纠缠不休。

不要卷入无谓的争斗。有些人在自己的生活中感觉非常糟糕，以致他们会把所有的时间都用来试图搞砸你的生活，因为你的生活充实而饱满。不卷入无谓的争斗，还使你不会后悔：你做的一切都很好，带着良好的意图和正义感。最后一点：你会看起来更聪明。我们反对的是对一个满不在乎的人固执，当对方已经表现出对你的关心或帮助不感兴趣时，继续固执地介入他的生活是不恰当的。你可以在一定程度上提供帮助，但也要接受自己的帮助可能不被接受或者无法产生预期效果的事实。

在读到这些关于好意的文字时，你应该在脑中想象一个温柔的茧，它包裹着你、保护着你、让你感到安全。此外，和一个正在经历苦痛的人在一起时，我们往往会自然而然地心生好意。为什么不一直这样呢？假设人人都想把事情做好，且都怀有良好的意图，这样子要轻松得多。再者，如果有人因为对你不善而让你失望，受指责的也不会是你。

善待自己

好意也要留给自己!

不要忘记有很多实际有用的做法:

- 不要强迫自己暴露在负面氛围中:比如在社交网络上阅读与你无关的评论会引发很多愤怒和恐慌,就像关注你不喜欢的人只会给你带来坏情绪一样,赶紧停下!

- 懂得在你精力不济和缺乏动力的时候休息而不苛责自己:这不是软弱,而是一种自然需求。然后,你才能再次对他人表达满满的好意。当你身体不舒服时,情况会复杂得多。

- 不要把你的时间用来帮助所有人!如果你耗尽了自己,让自己状态不佳,你就再也无法帮助任何人了。

- 不要为了找出你可能说过哪些不中听或伤人的话而反复回忆自己的每一次社交互动。你不停地找,就总会找到,所以不要做得太过。不要再去相信你大脑中想象的那些灾难性场景。

妥善处理恶意

在面对不怀好意之人的时候,要相信自己的直觉。你很容易就能识别出这类人:他们总是以最大的恶意揣测别人,因为那是他们的心理模式——人们通常会假设别人会像自己那样行事。有些人从骨子里就无法唤起你的信任,但你别无选择,只能与他们交往。在这种情况下,你可以通过享受与他们在一起的日常时刻让自己的生活变得轻松,但不要太过信赖他们,也不要给予太多:你不会得到回报,你会因此失望。

总之,保留你的好意,不要对一切听之任之。显然,第一次发生让你无语的事情时,你有权要求得到解释——有时会有解释。如果你对某人忍无可忍,或是同样的情况再次发生,那就采取行动。你没有背负什么改变别人的终极使命:这很累人,而且大多数时候都行不通。

➡ 另见:信心、善良、诚实 ⬅

幸福 (Bonheur)

幸福，是哲学家们津津乐道的永恒话题……
幸福是一种安宁和满足的精神状态，也是希望。
从理论上讲，因为幸福是一生的修炼，所以是可以培养出来的。
但你还要学会识别幸福……那我们还等什么呢？

一种无章可循的感觉

你可以在激烈中找到幸福，也可以在宁静中找到幸福。有人喜静，有人喜动。事实上，幸福是没有标准模式的。

幸福，不是一张你必须勾选所有选项的表格。即便你有钱、有名、有健康，你仍然可能不幸福。你可能完成了梦寐以求的学业，但却过着无爱的生活。或是相反，你可能遇到了命中注定的那个人，但却没能在你最喜欢的运动项目中大放异彩。要是幸福意味着忘掉生活中的阴影，让自己沉浸在已经拥有的快乐中呢？

找到你的幸福源泉！

当你找到让自己充满幸福感的东西时，就绝不要放手，即使有人告诉你它没有太大产出或不太符合世俗的规范：总会有办法让社会与你梦想的生活步调一致。我们经常谈论不幸，就好像必须让它维持不变，但即使世道黑暗，我们也能绽放自我！这并不是无视悲惨和不公，而是选择看向光明的一面。

不是每个人都有相同的目标、渴望和自我实现的方式。所以，不要评判别人的选择。他们的幸福你可能不懂，但重要的是他们感到幸福。你也应找到属于你的幸福。你必须为自己的幸福行动起来：这是一件了不起的事情，但你无法强行让他人幸福——给他人带来快乐和安慰，可以；为他人创造幸福，甚至不惜违背其意愿，不可以。

欢乐之地

幸福不是一成不变的：它是由许多快乐、宁静、自信，还有兴奋的时刻组成的。幸福，就是内心满载喜悦入睡。另外，不要混淆快乐和幸福：经常体验到快乐的人可能并不幸福，反之亦然。

快乐是日常的幸福，容易培养。你可以列出能带给你快乐的事物，这样你就对所有能让你快乐的东西心中有数了：肯定比你想象的要多得多！每天给自己一个快乐清单，并带着感恩的心，感谢你所拥有的一切。

在状态不佳时，我们往往会自我封闭、恼怒或哭泣，让自己陷在悲伤里。为什么不对幸福做同样的事呢？花时间去品味快乐的感觉，让自己被这些感觉填满——这不就是给生活增添情趣吗？

莫忘幸福，即便身处困境

即使是在最困难的时候，我们也能拥有一些照亮和拯救自己的东西。所以，在身陷困境时，尽可能抓住任何让你感觉好的东西（比如一种特别的活动或一首歌）。

在处境非常糟糕的时候，不要为"我从来没有快乐过"的执念所迷惑：这是你的大脑编造出来的。不管怎样，如果你不曾快乐过，那你也可以变得快乐，因为生活就是这样。有时候，在我们认为幸福不会来时，幸福就会消失很长时间。事实上，幸福总是会来的，即便在看似不可能的时候。

失去给你带来幸福的东西（一种状况、一段爱情、一段关系）尤为痛苦（有些人甚至会去料想：他们本来挺幸福的，但却开始害怕有一天会不幸福，这让他们寝食难安）。人在这样的时候会异常痛苦，以至于会觉得不可能再幸福了。当然，这不是真的，你会随着时间的推移意识到这一点。这些会成为你的回忆——大脑非常强大，有时甚至能让我们以怀旧之情去回顾某些不堪回首的日子。

参与他人的幸福！

不要把自己封闭在坏情绪里，因为它会自我维持……而且会传染！再说了，不能因为自己不快乐就要让别人也不快乐。在感到悲伤时，我们会做出让人不愉快的举动，无论是出于嫉妒还是仅仅因为我们无法不这么做——即便我们试着帮助自己。这么做不公平，而且别人感觉不好并不能让我们感觉更好。

相反，当你足够强大时，你可以通过予以支持、共享美好时光或温言善语来保持与周围人之间的正能量。你会看到，幸福招幸福！这就是为什么，在感觉不好的时候，你要尽量避免和处于同样状态的人来往。想着你自己，多跟那些让你感觉好的人来往！

如果我告诉你要尽力参与他人的幸福，那是因为你永远无法知道对方的感受，即便他们的生活与你的相比似乎既甜蜜又幸福，即便那个人看起来志得意满。拥有目标有助于获得幸福，但达成目标并不总是能够带来预期的快乐：即便我们度过了那些阶段，我们仍然还是我们。所以，去询问你亲近之人的消息，不要犹豫，去问问他们真实的幸福水准和提升幸福的办法。你会看到，这是一个良性循环，每个人都能从中受益……包括你！

➡ 另见：危机、哀悼 ⬅

名气 (Célébrité)

名人是受到公众关注的人，是被很多人知道的人
——许多人都在追求出名，或许还包括你！

我们对名气的看法已经发生了变化

最初，名气是成就带来的结果：因为你是艺术家、运动员、政治家……但如今，名气本身就被视为目的：想想真人秀明星、网红、博主……都是为了出名。显然，出名有它的好处：在一个你钟爱的领域得到认可——甚至可以以此谋生。但现实并不总是那么简单。

名人和你有一样的烦恼

你可能已经猜到了，明星也是人。名气并不能消除不幸，也不能消除孤独。现在，想象一下明星正在面对生活中常见的问题（除了钱），比如丧亲、分手或其他类型的伤痛，但还要在并不总是那么和善的人群面前强颜欢笑……这听起来并没有那么诱人，不是吗？

再者，出名必然会让人远离现实生活，会招来骗子或有所图的人，会带来安全问题，让拥有私人生活变得困难，甚至会和亲人疏远。换句话说，明星往往要牺牲一部分自由……

好意应该给予每个人

出名，并不意味着要完美：每个人都有权犯错——就像你在生活中一样。名人也会读到一些关于自己的文章（无论是否写得中肯），有些评论对名人也会造成伤害。名人或许习惯了聚光灯和掌声，但不会习惯无缘无故的恶意。所以，你要拒绝成为这群人中的一员。

➡ 另见：网红、真人秀 ⬅

心痛 (Chagrin d'amour)

这是一个我宁愿不写的词条，但你很可能有一天会碰到它——如果你还没有碰到的话。那么，我们就以一个好消息开场吧：有一件事可以肯定，我们会摆脱它的。

你完全有理由心痛

所有的心痛都很难熬：无论是"暴力"分手（背叛、争吵）、"被迫"分手（迁居）、"慢炖"分手（渐渐不爱了），甚至是"假分手"（在没有正式确定的恋爱关系中），还有单相思。

你完全有理由心痛，即使你觉得自己伤心很蠢，而对方可能并不在乎（实际上你并不知道对方在不在乎，这无关紧要）。无论如何，心痛已经在那里了，所以你需要用温柔和耐心去拥抱它。

花时间去消化

世界似乎正在分崩离析，但你必须知道，在那之后生活会重新开始——我们可以再次去爱，即使这需要时间。不要相信"人一生只能爱一次"的说法。我们会异常痛苦，但总有一天痛苦会消失。

分手可能会导致你对自己产生怀疑：相爱时，你作为一个人的价值感往往取决于（甚至是无意识的）伴侣的目光。如果失去了爱，你会觉得自己一文不值。因此，除了失去的痛苦，你还会经历没有自我价值感的痛苦。有这种感觉是正常的。但请记住，在恋爱之前和期间，你都是一个有价值的人……关系结束之后依然如此。

远离，至少在需要的时间内

你必须完成哀悼，这意味着离开那个人，至少是一段时间（因为各种情况不尽相同）。因此，有些事情必须避免，这不仅是为了让对方冷静，也是为了让你不至于最终跑去哀求对方。这么做会让已经很脆弱的你陷入一种更加脆弱的状态。

另外，不要一想起来就给对方发信息。即使你觉得自己已经拼命忍住不发了，你还要明白，一周发几条信息已经太多了，特别是如果对方不回复的话。也不要试图通过任何方式去偶遇对方，比如去对方常去的地方，或是通过共同的熟人（这太明目张胆了，对任何人都没有好处）。

还有，不要仅仅是为了证明自己就去试图挽回那个人：你不需要为了找回自尊去挽回他的爱，或是让他后悔分手。数不清的人已经试过了，但显然行不通。

要么你仍然爱着那个人，但这只是不断地折腾和伤害自己；要么你不再爱那个人了，那这就是浪费时间。更糟糕的是，你有可能再次陷入一段你并不是真的想要的关系中。

与亲近的人在一起，即使你认为他们无法理解你

我完全理解你的空虚和你觉得没有人分享的痛苦。但是，跟你亲近的人聊聊可能很有好处，即便他们从未经历过完全相同的情况。

还有，不要强迫自己不去想它（你应该拥抱这种情绪），也不要强迫自己不去说它：听的人会理解的，每个人都曾经或将会有这种体验。同样，你在一开始的时候完全可以享受些许的孤独，好让你找回自己，从而正视你所经历的一切。但尽量不要把自己封闭得太久：有时你必须强迫自己走出去，恢复正常的活动，这会非常有助于让你意识到——即使没有对方，生活也在继续。

重拾信心和力量（是的，这是可以做到的）！

找个新人好忘记旧人，这听起来可能很诱人。但这并不是最好的办法，虽然也有例外。我真的建议你避免"创可贴式"的关系（把你对第一个人的爱投射到第二个人身上），或是强迫性的、以征服为目的的恋爱关系（这只治标不治本）。不要仅仅因为"你认为表现得心如铁石很酷"就做出这些举动。

你需要找回自己，但怎么找呢？首先，可以把你的感受写下来（无论是用日记本还是用手机备忘录），这能让你慢慢地把所有的情绪都倾泻出来，就像在清空自己一样；其次，在重读自己记下的感受时，你会意识到，哪怕再痛你也在进步。通过记录感受，你可以估量情绪的强度，然后你会看到自己的状态在改变，尽管可能仍有执着。当然，你也可以通过音乐、体育运动或任何其他让你感觉良好的活动找到慰藉。

如果你无法前进，你可能还会觉得自己需要心理医生的帮助。这完全是合理的。心痛会产生实实在在的影响，科学家已经证明它可以对心脏造成损害。你感到痛苦并不可笑，而心理医生可以帮助你渡过这个难关。

有一天，你会珍惜这些记忆

有一天，你会看到，你放下了。为了不留遗憾，你可以写下你想对那个人说的一切，这样你就什么都不用留给自己了。你这么做是为了你自己，而不是为了那个人，所以不必把写的东西发给对方。

这个时候会很难。你感觉到了，我也知道。第一次感到爱过一个人的时候，分手会特别难受。你这么痛苦，肯定也是因为你和那个人曾经心意相通，一起度过非常美好的时光。正是失去这一切让你心碎。想想看，如果说这些幸福的时刻存在过，那它们总有一天会再回来，以另一种形式，和另一个人。也许读到这里时你会觉得难以置信，但我向你保证这一定会发生。想想六个月、一年后的情形。也许到那时，你的内心已经强大到可以感受经历过的所有这些时刻的快乐。与爱情不同，美好的记忆是永恒的。

最后一件事：即使你经历过几次心痛，也不要把它视为常态。你反思得越多，明白得就越多，就越有可能拥有你想要的健康、持久的关系。因为你值得拥有！

《你值得拥有一个爱人》

——弗里达·卡罗

你值得拥有一个爱人,
在你唱歌时倾听你,
在你感到羞耻时支持你,
尊重你的自由,
伴你飞翔,
不怕跌倒。

你值得拥有一个爱人,
为你消除谎言,
给你带来
梦想、咖啡和诗歌。

另见:爱情、哀悼、心理健康

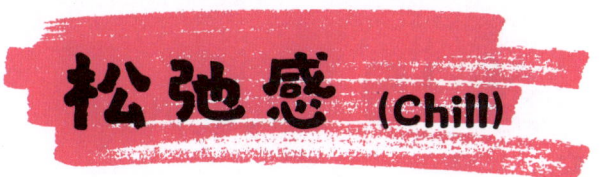
松弛感 (Chill)

有时候，因为学业、工作或鸡毛蒜皮的小事，你会感到有点要"内爆"。放空自己是一个很好的减压方式。

花时间放松，无须自责

当今时代，做一些没有产出的事情是非常不被看好的，因为这些事情似乎无法让你获得任何技能或经验。然而，你的大脑也需要休息，这样才能储存你所学和所做的一切。这时候，你可以反省但不要深思，这样可以释放和减轻压力。

那些你可能觉得被浪费掉的时间，实际上是最终将在其他地方变得更有效所必需的时间。

做你想做的

和朋友一起放松是一件超级酷的事情，但独自放松也很舒服——你想做什么就做什么，想怎么做就怎么做。屏蔽社交网络对你的心理健康有好处，但如果你没那个时间，或是你渴望做的事情里面就包括刷手机，那就去刷吧。如果你是比较喜欢制定放松时间表的类型（忙碌的时候提前做安排很不错），那也很棒。无论是追剧，还是一个人边听音乐边散步，只要能让你感觉好、呼吸舒畅，就无须自责。

放松的目的就是让你进入零责任模式，如果有那么一刻你可以摆脱日常生活中的所有限制，那就是放松的一刻。

 另见：音乐、社交网络、孤独

叼着香烟/抽烟看起来很有范儿，

但它是一种毒药……

一个会圈点你生活的假朋友

香烟是一种会成瘾的产品，因为它含有尼古丁。因此，即使你没觉得上瘾，但实际上你很快就会难以戒掉它。除了身体上的瘾（甚至会在晚上把你唤醒），你的大脑还会把香烟与某些时刻联系起来。咖啡、下课或突如其来的压力都会引发吸烟的冲动。

而且香烟很贵！这正是为了劝阻人们吸烟。所以，说真的，养成一个好习惯吧，一个让你呼吸顺畅且不会花光零用钱的习惯。

烈性毒药

实际上，吸烟对你没有任何好处：你的牙齿会变黄，你的皮肤和头发会变得暗淡，你的皱纹会更快出现，你的口气会变得难闻。

此外，由于香烟中含有多种剧毒物质（包括焦油和砷），吸烟的人患癌症的风险会更高（特别是肺癌、咽喉癌和口腔癌），患严重心血管疾病的风险也会更高。

因此，当你考虑到这一切时，你还认为吸烟值得吗？

尽早戒烟！

抽一次烟不等于会抽一辈子烟，但也并非无害。起先是从父母那里偷烟，在聚会上和朋友一起试着抽，但这很快就会演变成放学后在校门口和同学分着抽，然后就是睡觉前、工作时，甚至是醒来时自己抽。通常，我们最开始抽烟是为了追求有范儿、模仿别人、表明自己长大了或是融入某个群体，并认为自己不会上瘾。

烟民占到法国人口的30%：你不是第一个也不是最后一个落入这个陷阱的人。但是，如果你已经有了烟瘾并想戒烟，你可以咨询医生，他们可以给予你适当的帮助。你越早开始戒烟，吸烟这个坏习惯就会越早消失！

另见：皮肤

愤怒 (Colère)

**我很想告诉你,永远不要愤怒,
但诚实起见,我又不能告诉你不要愤怒。
因为愤怒是完全自然的情绪。
只是不要让愤怒带给我们过多有害的影响就可以了。**

接纳你的愤怒

愤怒在情绪中被赋予了错误的角色,但表达愤怒是健康的做法。强忍愤怒可能具有极大的破坏性,因为它会吞噬你、伤害你,你无法从中获得任何好处,就像所有其他压倒你的情绪一样。拥抱愤怒比压制愤怒更好——否则,它一定会在最不合适的时候跳出来。

你只需要确保你的愤怒针对的人是对的,但实际情况并非总是如此:在得知或经历一些令人不快的事情时,你需要找一个罪魁祸首、一个可以泄愤的人。不幸的是,你的愤怒要么落在给你带来坏消息的人身上,要么落在亲近的人身上,因为你更容易把气撒在你知道过后可以与之和解的人身上。即便你感到委屈,也要尽量冷静地思考,免得不仅你自己受苦,周围爱你的人也连带着受伤害。

尽量不要以惩罚自己的方式把你的愤怒指向自己——我的意思是不断产生黑暗的想法、自残或绝食等做法。如果你觉得自己的状况有点失控,那就找人谈谈并寻求帮助。你不必为自己感受到的情绪而羞耻,这些情绪包括愤怒,它往往也混合着悲伤。再说一次,愤怒是一种正常的情绪。分析愤怒的原因并剖析你的感受,以便了解你在自己的行为或所处的环境中可以做些什么让自己平静下来。这是摆脱愤怒困境的唯一出路。

学会应对别人的愤怒

不要去判定别人的愤怒是否合理,尤其是当愤怒的原因与你没有直接关系时。也不要使用管教式的语气:不要去评判别人在遭遇不公时应该如何表达、感受愤怒或应该使用的语气。如果你没有被问到,就不要发表意见,特别是在一开始的时候。

另一方面,如果你确定这种愤怒是以一种特别不公平的方式指向你的,那你就有权提出异议。即使冲你发怒的人是你爱的人或正在受苦的人,你也不必成为任何人的受气包。一个人因为受到惊吓对你说了几句狠话是一回事,但一个人为了宣泄自己的愤怒把你当成出气筒就是另一回事了。

学会毫不犹豫地划定自己的界线。面对他人的攻击——无论他是谁——或遭遇不公时,你有权设定自己的界限。如果发怒的人还能讲道理,那你可以清楚地表明自己的态度。但是,如果你认为对方无法讲道理,那就以冷静、清晰和简洁的方式告诉他你的感受,以及为什么你不打算受这份气。你也可以拉开和这个人的距离,以便过后再谈。有时候,离开一下会有帮助。

另见:冲突、情绪、暴力

初中 (Collège)

初中是小学的延续……只是规模更大、人更多、节奏更快。

如果你现在已经不是中学生了，那么下文的内容应该会勾起你的回忆。

而我给你的一些建议在高中阶段仍然适用……甚至之后也是如此！

大孩子的地盘

升入初中以后，你可能会觉得自己像个小孩子，或者觉得身边都是大孩子。等你初三的时候再看初一的学生，就会有相反的感觉。青春期是一个复杂的时期，每年（甚至每个月）在身体和心理的发育上都可能出现巨大的差异。不过请放心：并不是所有人都会盯着你看，最重要的是，你有的疑虑别人肯定也有。

进入中学以后，大家对你的期望会更高：比如，老师的要求会更高，每个科目都有家庭作业……这意味着你的日程安排会超级紧张。因此，你自然会感到压力，但中学也是你首次迈向独立、认识新朋友、进行小规模的外出活动，以及在父母允许的前提下获得新自由的阶段。

大孩子的学习习惯

在不要太累的前提下,你可以在上初一的时候就养成良好的习惯,这样可以避免让自己陷入困境:

- 每天晚上温习白天学过的课程(这比你想象的要快,你只需要开始去做)。
- 下课的时候把老师布置的所有作业仔细地记在本子上(好记性不如烂笔头,光凭大脑记的话,你迟早会忘记一些东西)。
- 头天晚上检查上学的东西是否都备好了,确保该带的都带了。
- 不要在课堂上聊天——这是让老师反感你的最佳方式。你可以在课后尽情地聊。
- 规划好写作业和准备考试的时间(这比你每次放松时感到心有不安要好得多)。
- 每晚至少睡8个小时:这对你的记忆力和发育至关重要。是的,这就需要你早早就寝,但理想情况下你需要10个小时的睡眠。不要睡得太晚,早睡会让你拥有好气色。

适应新环境

初中不像小学:作为一名中学生,你需要为自己负责。初中阶段需要遵守更加严格的规则,否则就会受到惩罚。给你一点建议:即使老师并不总是讨人喜欢,即使向别人展现你的叛逆很酷,也不要和老师顶嘴。这对你造成的伤害比什么都大,即使你成绩好,这么做也会让你受到惩罚。老师和你一样也是人,也有感情和同情心(是的，虽然这不公平，但不管别人怎么说，对学生有偏爱是很自然的），你不妨让他们对你多一些欣赏：这样时间就不会那么漫长，你的学业也会更轻松。

你将不得不去适应你正在发现的这个新世界，在这个世界里，十几位老师分担不同的科目，他们会评估你的课业，帮助你取得最大的进步。如果你无法立即适应，也不要担心。进入一个全新的世界，感到不适应是正常的。慢慢来，相信自己，你会适应的！

享受校园时光

初中是义务教育，你无论如何都要去念初中，所以尽可能让它成为一种美好的体验，不是吗？你不喜欢某些科目是完全正常的，因为各门科目之间有很大的差别（好

消息是,你不必一辈子都学习这些科目),就像不喜欢某些学生和老师一样很正常。但是有一些方法可以让整个初中阶段变得更加有趣。充分利用这段时间认识新的朋友——即使一开始你会感到有点羞涩。加入学生社团:合唱团、田径队、阅读小组、足球队……你有的是选择,如果没有你喜欢的,那就成立你自己的社团吧!

别担心,你会交到朋友的,而且比你想象得快。这个问题让你感到困惑是正常的。当然,不管你是否承认,学校里都会有受欢迎的、你想要加入的小群体和你想要成为的人。有时你甚至想隐藏自己的不同,因为如果被人看到你和其他人不太一样可能会很惨。实际上,你要知道,没有人"和别人一样"。当你在一个社会群体中成长时,比如在学校里,你会想去迎合某些规则(没有人真正选择过),因为你觉得这样别人才会接受你、喜欢你。然而,如果你了解人的真实本性,你就会意识到,别人可能拥有和你一样的特质或激情,只是你自己不愿接受而已……耐心点:对大多数人来说,越是成长和发展,就越能接受不同。

中考，你的第一次大考

除了你已经熟悉的评估测验外，中考是你将要参加的第一次大型考试，这对每个中学生来说都是一样的。中考是为了评估你在初中阶段所学知识的掌握情况，如果顺利通过，你将获得人生的第一张文凭。你今后可以在简历上注明这一点。这可不是小事，即使你不打算继续学业，这张文凭也能证明你接受过的教育。

想要顺利备考，你需要有规律地学习，反复看你的课程笔记并经常复习（比如在假期里，每个科目花一天时间去学习）。有不懂的地方要跟老师沟通，你完全可以和同学一起制订学习计划：这比独自学习更有动力。

如果你在这一学年里没能给自己做好安排，那会很遗憾，但你可以补救。对许多人来说，很多意料之外的原因让他们难以坚持不懈地学习。即使你在短时间内仍有很多知识需要吸收，但只要有动力，再加上有一个合理的时间表，你就可以做到。不要放弃。你的能力比你想象的要强得多：看你的了！

➡️ **另见：作业、高等教育、高中、职业教育** ⬅️

难堪 (Complexe)

难堪会导致不安全感，它和我们的身体或性格特征相关。
每个人都会感到难堪，但对某些人来说，难堪会让人失能。

难为情从何而来？

难堪在很大程度上受生活环境的影响：社会及其强加给我们的标准、创伤或压力。总而言之，这是一种对"这个太过……"或"那个不够……"的恐惧，并可能成为一种负担。你越是想着它，它就越会萦绕在心间，以致让你产生一种自卑情结，并让你失去信心。

不要一叶障目！

永远不要忘记，人总是更容易去关注自己没有的东西。这是人之常情，这么做并不意味着你就是一个消极的人。而且你要知道，你周围的人看到的不只是你没有的东西。事实上，关键在于要成功地改变对自己的看法。比如，你可以列出自己身上所有你喜欢的特点。

而如果你想让人帮助你来应对难堪的问题（无论是关于你的外貌还是性格），并不再受困于难堪，那么你可以咨询心理健康专家（我要强调这一点很重要）。有免费咨询，也有付费咨询，这取决于你的经济能力。你也可以询问校医。

不要再拿自己和别人比较啦！

这一点也很重要，就是拿自己和别人比较：如果你身高1.5米，就不要梦想着拥有你朋友那样1.8米的身高了。你们就是不一样而已，也许她还羡慕你的魅力或容貌呢。

拿自己和别人比会产生一种自卑感，而你显然不需要这种感觉。所以，不要在意他人的目光，想想自己的优点，同时屏蔽那些社交网络，你在那里渐渐地只会看到让你难堪的东西（这不仅是你的头脑在作怪，还有算法！）。不要沉迷网上的美颜照片——这不健康。

不要因为你无法控制的事情而有压力！

你不应该对和你身体相关的任何东西感到难堪：身体不是你选择的，你不能因为自己无法控制的事情而自责或尴尬。另外，我们会倾向于认为只有自己具有某种特性或缺陷，但它们其实是很普遍的。只不过，每个人每天看到、接触的都是自己，无法了解他人的而已。

牙套：难一时，好一世

从社交上来说，虽说不该以貌取人，但戴牙套确实会比较麻烦，不过你不会后悔的。因为，拥有良好的咬合（上颌与下颌对齐）也很重要，哪怕只是为了能够正常咀嚼和消化。

你心里肯定会想，戴牙套影响你的笑容，没有人会喜欢你。放心：你身边已经或将会有很多戴牙套的人，而且要戴好一阵子。如果牙套真的给你带来了困扰，那就在镜子前练习如何在不露齿的情况下展现美丽笑颜。

感到难堪很正常，但你要意识到，别人不会只看到你的牙套！尤其是，很多青少年都戴牙套。牙套太常见了，别人对你面孔的印象才不会只是牙套：他们会更多地留意你的眼睛或头发。不用担心！很快，戴牙套就会成为一段回忆，到时候你就可以露出一口漂亮的牙齿拍照了。

你会爱上自己的不同

我的意思不是说你明天就能做到，或者很容易就能做到，但请相信我：你处在一个自我改变和自我发现的特殊时期。做不到百分之百爱自己（有人能做到吗？），甚至对自己的某些部分感到焦虑，都是正常的。我曾有过这样的经历，体会之深超乎你的想象，而我现在可以向你保证的是，在绝大多数情况下，我们都能平稳度过这段时期。

也许有一天，你会喜欢上今天让你难堪的东西，你甚至会爱上它，比如你的鼻子、你的天真、你奇怪的交流方式或你的敏感。我们的品味在不断演变，我们迟早会意识到自己是一个多棒的人。在克服了自己所有的难堪时，我们就能更好地前行。

不，你并非一无是处

除了跟身体有关的难堪，还有跟社会有关的难堪，这与我们在社会中摸索前行的方式有关。这是每个人的必经之路，并非你或你这个年龄段的人所独有的：在一生中，如果我们拿自己与那些看起来比我们过得自在、会说话、长得好、精力充沛的人比较，我们就会感到难堪。其实，哪怕是这些人也会有疑虑，有时候也会觉得自己没用——只不过他们或多或少地学会了掩饰。你说的话并不可笑！别人愿意跟你待在一起，那是因为他们喜欢你。如果你是那种会在事后觉得自己所说的一无是处、让人羞耻的人，那你要明白一件事：每个人都是自己世界的中心。你和别人在一起的时候，他们不会一直关注你。所以，尽管在你看来这不可思议……但是，在你看来让人束手无策的大问题可能根本就没有人注意到。

 另见：美、体液、正常

信心 (Confiance)

信心是一种坚实的希望，希望某事或某人可以带来美好。

对自己有信心：一个持久的盟约

你可以反复肯定自己的优点并说服自己去相信，从而对自己产生信心。时不时花点时间想想自己，然后列出你的长处、你欣赏自己的地方。这样你就会意识到你有什么能力、你已经能够完成或克服的事情，以及别人在你身上有什么发现，即使你对自己的看法与他们的相差甚远。除非你尝试过，否则你无法想象这么做的效果有多好。

不要犹豫，去和身边的人聊聊这个问题，我敢肯定你的家人或朋友会很乐意告诉你他们为什么那么爱你——最终，你也会看到。如果有可能，你也可以请教专业人士，他们会告诉你让自己感觉良好的秘诀。

你还要花时间与自己相处，为的是更多地欣赏自己——这听起来很难，但你会喜欢上这种做法。做一些让你有价值感、感觉好的事情。即使是一些不常见的事情，如果你有信心并乐在其中，那就去做吧！

对别人有信心：好人处处有

在一个经常被人告知只能依靠自己的世界里，这个建议对你来说可能很危险。但是，能卸下心防或与人携手并进是一件很美妙的事情。心怀好意的人是有的：要说服自己相信这一点，告诉自己别人和你是一样的。很少有人真的对伤害他人感兴趣。

当然，背叛是存在的。在面对背叛时，你最好开启同理心，试着去理解对方的行为。我这样建议并不是在为背叛的人开脱，而是为了你，为了让你保留内心的那份温柔且不会留下创伤：谎言和欺骗的确存在，但一个人屈服了并不意味着每个人都会屈服，如果你因此而不再相信别人，那只会是一件憾事。当然，首先要给自己时间去消化发生的事情，而且要记住，你不必原谅任何人，只需要让自己再次相信周围的人可能心怀好的初衷。

当你的信任被辜负时，想要疗愈就要记住：他人的行为有时会超出我们的理解范围，而这取决于他们而不是我们。随着时间的推移，你还将学会如何更恰当地信任别人。

对生活有信心：有时抚慰人心，时时给人惊喜

你有没有注意到，即使经历不幸之后，人们也能找回内心的平和？到目前为止，你已经渡过了很多难关。想想你经历过的那些可怕的事情（也许你曾经以为自己永远不可能走出来了），再看看你现在已经在这里了。如果说重大的打击可能发生，那么重大的惊喜也可能到来。即便你运气欠佳，你的生活中也发生过好的事情，而且每次你都没有想到，但它却发生了。

悲伤的时候，我们的思维常常会把我们带回到那种对自己存在的错误观念上，这种观念认为我们一直在受苦。在这种时候很难保持头脑清醒，但你可以列出生活中的小乐趣。逼自己去想着这些小乐趣。你是一个很好的人、一个有价值的人，美好的事情依然会发生在你身上。

另见：难堪、诚实、羞怯

**在你生活的各个方面都会出现冲突，
这很正常，有时还能帮到你。最重要的是知道如何正确地处理冲突，
也就是说，在不会让自己筋疲力尽的情况下尽可能带着好意去应对。**

安分守己

首先给你一个建议：原则上，你一定要在分析完情况之后再介入冲突。当分歧是关于一些不重要的事情（幸运的是，大多数冲突都是如此）时，尤其要避免陷入其中。你没有时间做到面面俱到——但这并不妨碍你观察身陷冲突之人，并得出你认为正确的结论，尤其是今后该如何与这些人相处。通常，冲突最终都会得到解决。否则你在事后就会成为那个和某某有矛盾的人……这只会让你陷入本可以避免的麻烦。

另一方面，如果确实存在不公、轻慢或危险，你要大声说出自己的想法：这是一种难能可贵的支持。但注意不要把自己当作所有冲突的仲裁者。同样，哪怕看起来再不公平，也不要强迫周围的人为你站队。

不要利用冲突来炫耀自己！尽管很多人会这么做。如果争执只是为了显示你的个性，那么你就只是在和自己发生冲突。你需要向谁证明你是个随时准备咆哮的暴脾气呢？为了更好地化解冲突，一定要学会等待，千万不要当即解决问题：人们在愤怒时会过多地暴露自己，你可能会感到懊悔，特别是当你口不择言伤害了别人后。

要公平，即便是在冲突中

在你指责别人的时候，确保针对的不是这个人，而是这个人行为中的不当之处：这样更客观，并有助于产生一定的共情。例如："你的行为让我感觉不好"，而不是"你这个人不好"。这叫作"非暴力沟通"。

一般来说，不要把你的情绪宣泄到别人身上。比如，你可能因为某种情况而悲伤或愤怒，但在做出反应之前，你可以花时间问问自己，与人发生争执是否会让情况有所好转。虽然发声和设定界限是绝对必要的，但将怒气发泄在别人身上就是具有破坏性的，对你和身边的人都是如此。

我说过，经常问问自己，你的怒气是否指对了人。我们在生气时往往倾向于攻击最亲近的人。对给你带来坏消息的人而不是做错事的人发火也同样有风险。

在冲突发生时，不要在背后议论对方。一方面，选择不议论会提升你的形象；另一方面，这会让你立于更高的维度。

避免不必要的长期冲突

相信我，我花了很长时间才意识到这一点：曾经很多看似重要的冲突现在已经成了遥远的记忆（啊，我生那个人的气了？）。随着时间的流逝，与我们发生冲突的人会从我们的生活中消失。

你不可能爱所有的人，这是事实。同样，你再怎么努力也做不到让所有的人都爱你。但话又说回来，你没必要去招惹讨厌你的人，即使你的内心经常有种冲动，想要去挑衅那些让你不爽的人。

不知道为什么，有时候我们就是想跟人争斗一番。但要仔细想想是什么让你想要这样做，如果这对你没有任何积极作用，就不要陷入冲突。你的一举一动都会让对方更加恼怒，反之亦然：这是毫无意义的，你在浪费精力，而且坦率地说，这么做毫无体面可言。旁人只会记得两个人不断地纠缠在一起而且苦不堪言。所以，即使你是对的，也不要不断挑起争端，而是尽可能远离那个人。你还有很多事情需要花精力去做！

在冲突期间保护好自己！

有时候，冲突是漫长而复杂的。它让人情绪激动，往往还伴随着一种强烈的不公正感，让你的心脏紧缩、大脑狂怒。赶紧结束对话，对与你争执的人说："打住，今天我没有时间，也没有精力。"然后你可以离开，或在社交媒体上屏蔽对方。如果你无法避开对方，那就全力专注于你能做到的时刻，并在那时尽可能地减压：喊叫、哭泣，甚至睡觉——是的，这一切非常累人。

但是，你必须尽快设法化解冲突，特别是如果你非常在意这个人或者知道这个人很难缠。这往往令人恼火：你觉得自己占理，根本不想先迈出和解的那一步。但你问问自己，从长远来看，你是否希望这种情况持续下去并成为你的负担？过段时间你可能会对此一笑置之。

为此，你要给自己留有反应的时间。看看吧，就在强烈情绪过去的第二天，你就会有不同的想法了。在你勃然大怒并想要对某人咆哮时，请等待24小时。事情没有你想象的那么急迫，相信我。

总结一下，如果你觉得这场冲突不会带来任何建设性的结果，你也不太在意这个人，而且完全可以在今后避开他，那么就结束这一切。

你不可能每次都赢

有时，你会和一些成年人爆发严重的冲突。

如果与老师发生冲突，你有几个选择：跟与你相处融洽的老师谈谈，让他们出面调解；与父母谈谈，让他们试着以成年人的方式和老师谈谈。

还要记住，即使你确定自己是对的，老师或父母也拥有最终的决定权。你必须接受这一点，这至少可以让你体验什么是不公平（是的，这真的很难，而且你肯定更希望不要去体验，所以你不妨趁机做一些有建设性的事情）。你可以把冲突的要素记在心里，以备后用：你可以在某一天以更平和的方式谈起它。

➡️ **另见：好意、愤怒、批评、诚实** ⬅️

伴侣关系 (Couple)

"他们从此幸福地生活在一起了。"
伴侣关系是否像人们所说的那样,是人生的巅峰呢?
我宁愿冒着让你梦碎的风险(但我知道你读这本书是为了了解真相)也要告诉你,
伴侣关系不是让自己变得完整的唯一途径。
但如果这能让你安心、两人相处融洽,这样的关系还是会非常美好的。

伴侣和朋友

不要为了伴侣而抛弃朋友、家人和其他与你亲近的人。当你沉浸在爱情中时,要做到这一点很难,但我向你保证,如果你那么做了,等你回头看时会感到后悔的,所以要警惕这种做法。

话虽如此,但如果你身边的人因为偏见而不接受你的伴侣,那么记住,在涉及你的感情选择时,你不欠任何人。相反,如果你身边的人担心你伴侣关系的理由是合情合理的,那就听听他们的意见。我们有时候会混淆爱与激情、爱与依赖、爱与痛苦。和你所爱的人分开是很可怕的事情(即使那个人让你很痛苦),因为你相信痛苦与爱是密不可分的,你觉得没了爱会活不下去,你认为爱应该是无条件的。如果你身边那些神志清醒的人提醒你要注意你的伴侣关系,那么尽量听听他们的提醒。即使你认为他们不能理解你,也要花时间考虑一下。如果提出建议和警告的人是你,那么请不要在对方第一次拒绝你的时候就停下来。尽可能长时间地陪在这个人身边。最糟糕的事情莫过于让这个人独自陷在有毒的伴侣关系中。

建立伴侣关系,只为你自己

建立伴侣关系不是为了让自己变得完整:你本身就是一个完整的人了。伴侣关系只是一个加分项，而不应该成为一种强加的典范，或者更糟，成为说服自己或他人相信自己有价值的方法。你要明白：爱情妙不可言，但不能硬来。因此，伴侣关系应该给我们的生活带来一些东西，而不是成为让我们深陷其中的束缚。

事实上，伴侣关系不应该与任何义务挂钩，最重要的是，这种关系本身并不是目的。我要再三强调：不要成为那种仅仅为了在社交时显得更有面子而建立伴侣关系的人。比如，不要和你不感兴趣或对你不好的人交往。也不要无底线地顺从某个人的意愿：你是无法为了对方而完全改变的，否则对方就是在和一个虚构的人交往，既谈不上真心，也谈不上幸福。

要彼此信任，不要隐瞒重要的事情，但也要为自己保留一片秘密花园，这对每一个人的自我完善来说都是必要的。翻看对方的手机是让人胡思乱想的最佳办法，还会造成很多伤害。

还有一点不要忘记（这往往需要好多年和好多段关系才能完全理解）：即使是良善之人也会互相伤害。彼此之间的感情会让人觉得这段关系能够排除万难，但事实并非如此：有时候只有爱情是不够的，有些人真的在本质上就是无法相容的。

哦，不要再相信社交网络上的模范伴侣了。社交网络上的事情都大同小异，展示给你看的不过是从众多生活瞬间中精心挑选并修饰过的场景。你并不在那些人的生活里，即使是最性感和最富有的人也有烦恼。所以，没必要羡慕他们。嫉妒是人之常情，没有什么大不了的，但要谨防过分嫉妒！同样，也没必要过度暴露自己：客观地说，你越是展现你的二人世界，就越容易招来闲言碎语。

分手了就接受

在感觉伴侣关系已经步履维艰时，你应该尝试去好好处理。不要让关系雪上加霜，更不要突然疏远对方。对彼此要诚实相待——尽管让自己喜欢的人伤心会很难，但这是最恰当的方式。你得确保你做出了正确的决定，因为世上没有后悔药可卖。对爱你的人来说，你的若即若离是不公平的，所以你要三思而后行——虽然我确信此时你的大脑已经像一团浆糊了。分手很难，但要记住，你所有的情感经历都会让你更清楚自己的渴望和标准，而每一段经历都代表你离自己真正想要的东西又近了一步。

如果不是你提出的分手，那你就有权要求对方给出解释，这对你妥善处理分手问题是必要的。你要明白，分手不是因为你这个人没有价值，而是因为伴侣关系中的你们各有各的期望。分手肯定会让人难以接受，但我保证，你会重新站起来的。想想你经历过的所有美好的事情，这些是永远不会被夺走的。

再说了，伴侣关系的结束并不意味着一段感情的结束！如果其中一个人感到的痛苦尤其剧烈或受到的打击尤其严重，那么暂时拉开距离可能会更好。但接下来，就没有任何可供你参考的与前任相处的规则了。没有哪条法律规定，一段关系结束了你就必须和你在乎的人永远分开。你不如去重塑这段关系！一旦消除了误解，这段关系可能会变成美好的友情。

激情不是爱的唯一方式

人们常说，伴侣不可能相爱一生：这不是真的。说这话的人将爱情等同于激情。这种观念在很大程度上是通过社会规范和文字艺术传递给我们的，它将爱描绘成一种强烈的情感状态，会造成匮乏、恐惧甚至痛苦。显然，如果爱只是这样的话，那么任何关系都不可能持久，曾经有过恋爱经历则会极大地妨碍人再涉爱河。想象一下，以消耗激情为核心的家庭生活是否健康呢？

激情并不是爱的唯一方式。如果一段关系消耗了你所有的精力和时间，那么也许你就应该好好审视一下它了。因为这世上有一种简单的、平衡的爱，虽然它很少被提及，但却更为重要：这种爱抚慰人心并能让自我绽放，它不会占去你所有的生活空间，而只会装点你的生活。

另见：爱情、心痛、社交网络、毒性

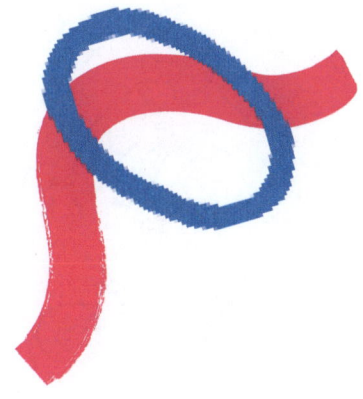

危机 (Crise)

危机，几乎涉及一切领域：经济危机、健康危机、社会危机。
人们用它来指一种失控并造成新问题的危急情况，
这些新问题有时似乎很难得到解决。

危机具有政治色彩

危机往往会引发激烈的争论，而你可能无法完全理解这些争论。每个人都能发表自己的意见，如果你抓不住关键，就很容易迷失方向。这也是西方政治游戏的一部分，西方政治家经常借此来达到自己的目的：这就是他们的"工具化"操作。特别是在选举期间，政客们会以他们的方式提出某些问题，以表明他们是解决这些问题的最佳人选。西方媒体上著名的论战往往就是这样产生的，同样的词被反复提及，却没人明白那究竟是什么。

* 法国巴黎证券交易所市值前40的大企业的股价指数。——译者注

多学多问，不要急于发表看法

其实，理解这个世界往往比看起来要容易。想要真正了解发生了什么，我建议你除了通过网络或报刊，还要通过更接地气的渠道了解不同的观点。不管是什么危机，都应该被置于历史背景下：比如一场政治危机，要怀揣好奇心去看看之前发生了什么——以及其他地方发生了什么。这么做不仅能让你更好地了解情况，还能让你了解其他人是如何渡过危机的。

在崩坏的世界里也能感知幸福

即使是最严重的危机，比如大规模的战争，也总有一个结局。在最黑暗的时刻，我们也可以找到些许幸福，甚至还能有所收获：比如在生病期间无法外出，这给你带来很大的压力，但你可能发现了新爱好，认识了新朋友，或是发现了自己新的一面。

我们无法控制任何事情，所以请记住，在你对不该由你负责的状况无能为力时，很不幸，你能做的只有等待……等待它过去。总有一天，一切都会好起来的。

→ 另见：未来、生态、大流行病 ←

批评 (Critique)

严格来讲，批评是指对某件事或某个人表达正面或负面意见的行为。它常被认为是负面的。

留心批评来自何处

如果别人的批评伤害了你，问问自己：你是否真的在乎这个人的看法？当批评来自那些你既不欣赏也不喜欢的人，那么他们的看法就是无关紧要的。

有时候，你知道对方的批评毫无道理可言，但你别无选择，只能听着（那人可能是老师、父母或上司）。在这种情况下，你只需一边假装都听进去了，一边微笑着等待事情结束。你没有任何义务去接受那些意见，尤其是在对方无法证明意见有效的情况下。

学会接受批评

如果有人批评你，请记住，被批评的只是你的行为。真正了解你的人，不会批评"你是谁"，而只会批评"你做了什么"。

受到批评后，不要立即采取行动，最好等待事情变得清晰。等上两三天，让你的思维变得有条理，这样你就可以决定如何采取行动了。

另外，为了确保完全理解了对方的批评，你尽可以询问细节。这样做可以表明你在认真聆听，这非常有助于化解冲突。从逻辑上讲，批评你的人希望情况（甚至是你这个人）能够有所改善，所以不要担心。

你想批评？那就好好批评！

当你有话要对某个人说时，千万不要通过中间人传话！这是懦弱的表现，还会让人误解你。其次，这些人有可能掺和进来，而且真相有可能被扭曲。最后，这不是解决事情的好办法——老实说，这是引起争执的最佳办法。

而且，要懂得共情沟通。即使你觉得自己说的都是完全合理的，即使你的表达清晰、真诚，但要记住，对方不具备同样的敏感性。你想表达自己的想法，那么就把握一切机会确保你的想法被妥当地接受——这样才会产生真正的影响！

如果你因为害羞，或者迫于对方的威严而不敢当面直说，那就用书面的方式吧。我不建议你使用通常的即时通讯工具，因为即时性可能会破坏健康讨论的基础，也就是说，你可以选择以这种方式发送长信息，但要确保信息能被对方正确地阅读，而不会引发强烈的反应（即使这意味着写完之后把手机放一放）。

最重要的是要记住，你批评的应该是行为，而不是人。要做到这一点，你要描述人的所作所为，而不是你认为他是什么人。

不是所有的批评都值得听取!

你没有任何义务告知任何人你听到的关于他人的批评。除非是合情合理的事情（可以让他真正地改变自己的行为）或非常严重的事情（在这种情况下，你必须小心，因为这些话有可能是诽谤），否则的话，你最好什么都别说。

你知道吗，在批评一个人时，批评者攻击的往往是这个人呈现的东西，而不是这个人的真实面貌：批评者忘记了他们的话会造成伤害——而对于被批评的人来说，加以分辨很困难！对你转告的事情要有鉴别力并心怀善意，而且要问问自己这么做是否有用。

➡️ **另见：好意、愤怒、冲突、柠檬精** ⬅️

文化 (Culture)

文化是构成特定人群所特有的物质和智力元素的总和，同时也是一个人可以用来理解世界的知识体系。简而言之，文化既是你作为一个社会群体成员的一切，也是你作为一个个体体验和学习的一切。

文化缺失，真的吗？

文化，是构成我们遗产的全部艺术：文学、诗歌、绘画、雕塑、建筑、摄影、美食等等。但文化还是历史、哲学、节日、体育、民俗……而这个整体定义了我们，并或多或少地决定了我们的生活。文化常常被看作是一种社会标志，因为它反映了一个人的社会地位。但是，文化不应该成为一种难以企及的资源：每个人都应该能获得它，无论地域，甚至是在那些看起来不太可能接触到文化的地域（尤其是通过互联网）。丰富自我的办法有很多：想想你耕耘的领域，时间和耐心终会让它结出硕果。

你可能是一个领域的"文豪"，也可能是另一个领域的"文盲"，这完全没有问题。你不是政治、历史或当代艺术的权威，并不意味着你愚蠢或无趣。文化并不等同于智力。避开这个陷阱，尤其是不要试图在你不了解的事情上假装专业：你会作茧自缚，而且会显得很傻。听听那些专注于自己爱好的人都说了些什么，你会学到更多东西。我敢肯定，你对自己兴趣的分享会吸引到其他人。

社群的纽带

文化也是定义一个社会群体的要素。没有一种文化比另一种文化更好。如果你固守自己的文化规范和参照，就永远无法理解其他的文化，要懂得保持距离而不去做虚妄的比较。了解另一种文化的最佳方式是尽可能多地旅行，以及学习或结识来自这种文化的人，并始终保持对差异的尊重。

所有的文化都是习俗和实践不断演变的结果：它们与构建它们的社会相得益彰。注意，这并不意味着所有的政治体系或社会体系都是完美的。但我们应该把观察到的行为置于其产生的背景中，最重要的是保持好奇心。这是唯一恰当的方式。

对自己的文化感到自豪是件好事，同时，意识到自己的文化并非世上独有也很重要，大杂烩才有意思——哦，丰富得让人眼花缭乱，比如你在观察美食的时候就会有这种体会：各种美食应有尽有，实在美妙，不是吗？

不断演变

文化始终在不断变化和重塑：几十年前，社会可没有现在这些文化参照，因为一切都在演变并受到各种影响，尤其是群体混杂产生的影响！

另外，一个人可以拥有多重文化。通过在每种文化中汲取自己喜欢的东西来进行自我构建，这会让我们成为独特的个体。如果你觉得这造成了让你感到沉重的身份问题，而且总觉得那里面这个太多，或是这里面那个太多，那么就试着去结交那些面临同样问题或来自相同文化的人，他们会是最有可能准确理解你的人。

什么是文化挪用？

文化挪用是所谓"主导"文化（"主导"，是因为这种文化掌握并强加了某个特定地方的社会规范）的成员对所谓"被主导"文化的成员的占有和压迫。

例如，当时装设计师仅仅为了追求潮流而使用传统非洲布料时，他们可能忽视了其背后的文化意义和价值，从而导致被认为是对某些人的不尊重或误解。

→ 另见：音乐、追剧、旅行 ←

网络欺凌（Cyberharcèlement）

就像所有欺凌行为一样，网络欺凌（或网络骚扰）的特点是重复性。即使我们觉得自己说的话并不严重，并被淹没在大量评论中，但这种积累会对当事人造成很大的伤害。

真实的虚拟暴力

无论出于何种原因，你都不要参与针对某个人的网络欺凌。你可能认为自己不过是透过屏幕抛出了一句话，但加上具有伤害性的公众干预，就可能对当事人造成重压，哪怕只是持续了几天：这东西会如影随形、透入心扉。它萦绕不散，关掉手机或删掉应用程序也无法让这一切停止。而且，关掉手机可能会让当事人越发孤立无援，这样他就看不到支持自己的言论了。

网络欺凌让受害者处于一种"过度警觉"的状态，这种状态会持续产生压力，从而导致失眠或其他心身疾病。记住，事情发生在网上并不意味着它不是真的。网络欺凌是真实的欺凌，会带来真实的后果，甚至可能导致自杀。

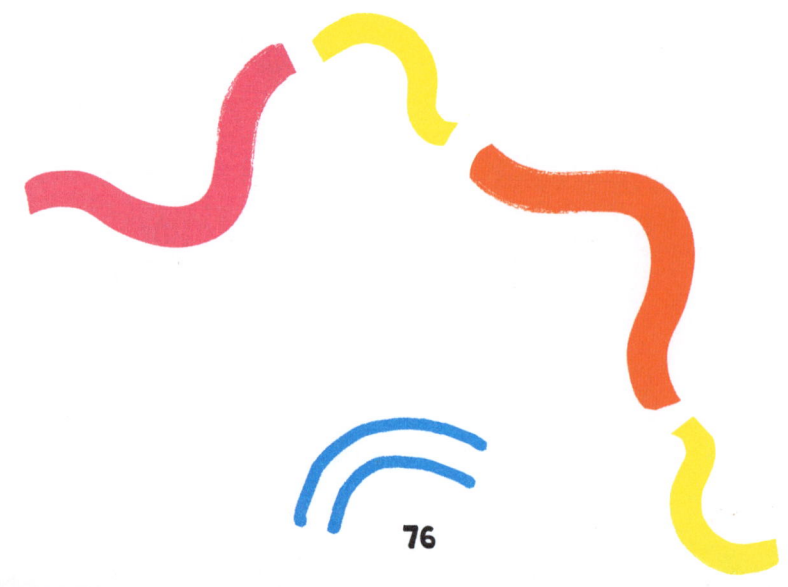

应对网络欺凌

如果你受到网络欺凌或威胁,一定要说出来。你可以提出投诉,即使威胁来自匿名账号。就算无法给罪魁祸首定罪,但至少邪恶行为已经记录在案了。

如果实施网络欺凌的人和你同校,那么你可以找老师谈谈:即使欺凌行为不是发生在你身上,但至少你知道欺凌者就在学校里。

请亲近的人帮你保存所有恶意内容,但不要强迫自己暴露。远离屏幕,让帮你的人只转告支持你的信息。正如邪恶之人行邪恶之事一样,那些恶言恶语最终反噬的是它们的主人,而不是你。

➡️ 另见:柠檬精、社交网络、手机 ⬅️

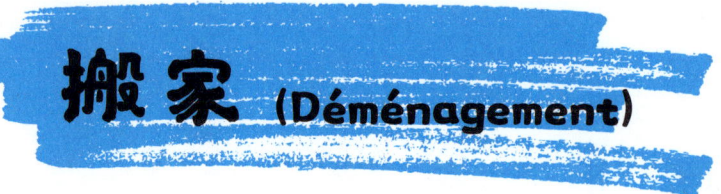

搬家 (Déménagement)

搬家，意味着改变你的住址，也意味着改变你的生活。
搬家堪称是真正的大变化！

改变一切的消息

搬家的原因有很多：父母的工作调动、家庭状况的改变（比如父母离婚）或者转学。这是一次真正的动荡，你感到难过是正常的，特别是当你觉得和拥有很多回忆的房子、社区或城镇有着密切联系的时候。

你也可以愤怒。你有权表达自己的情绪，无论是什么情绪。如果你觉得这一切难以承受，你也可以去看心理医生。

搬家这样的变动挺麻烦，但也很令人兴奋。新的生活在等待你，新的人在等你去认识，新的事物在等你去探索。而且别忘了，虽然离开了一个你非常喜欢的地方，但你随时都可以回去。

告别旧生活，迎接新生活

第一个好消息：搬家是个机会，你可以借此摆脱你不再喜欢的旧习惯，也许还有你厌烦的人！

要接受这种新情况，你就需要一些参照。为此，拍下房子的照片留作纪念，并询问你的父母你是否可以回来，比如跟朋友一起度过周末或假期。而且，你甚至还可以让父母为你和朋友组织个送别派对，这样你走的时候就会带着满满的美好回忆啦！

为了做好迎接新生活的准备，你可以提前到新的居住地看看，并上网查找相关信息。为了在安顿下来之后顺利融入新环境，你还可以报名参加各种活动、结识志同道合的新朋友！在征得父母同意后，邀请新朋友来家里玩，或者一起去逛逛有趣的地方。这样，你可以更快地熟悉新环境。如果你没法迅速结交新朋友，那也没关系！有时候，这需要时间，因为有些地方的人会对新来的人怀有戒心。别担心：车到山前必有路，一切都会好起来的。

无论你是搬到别的城市，还是移居国外，搬家都是一个发现新事物和充实自己的绝佳机会。能体验多种生活简直太棒了！

 另见：友情、哀悼、家庭、旅行

欲望 (Désir)

我们对自己非常想要的东西会有欲望。
这种感觉可以是短暂的,也可以是持续的,但往往是急迫的。

一种突然的、有时带点强迫性的感觉

我们有时会对一个外貌并不是很讨我们喜欢的人产生无法抗拒的迷恋,那人会在瞬间让我们感到犹如被电击了一般,让我们满脑子只想着"我需要这个人"。

不要混淆一切!

懂得区分欲望的感觉和爱的感觉是非常重要的。欲望可以是突然而猛烈的,它是如此急迫,以至于你觉得自己想要的东西必然是好的。欲望并非源自真正的意愿或爱,欲望往往是一种突如其来的渴求,首先关乎你的自我:越是难以得到的人(或事),你就越是渴求,如果得到了,你的自尊就会得到满足。因为人的大脑就是如此构造的,它倾向于让自己相信无法获得的东西是它绝对需要的……但当你得到时,你往往会立即厌倦它,无论欲望有多强烈。你很快就会意识到这些区别,不用担心。试着每次都从中学到点什么吧!

➡️ 另见:爱情 ⬅️

哀悼 (Deuil)

哀悼不仅指你在失去某人（或延伸意义上的某物）时感受到的痛苦，还指失去后的疗愈和接纳的过程——我们称之为"完成哀悼"。

哀悼是一种新的困境

无论是突然而至，还是在意料之中，生命中重要事物终结的消息都会让人难以接受。显然，这种终结可以是某个人的死亡（这是我们谈到哀悼时首先想到的情况），也可以是一种情况的结束：当一个梦想离我们远去或一段关系结束时，我们也要完成哀悼。

这是一个很大的冲击，它会引发让人无法理解的混乱。我们的大脑进入恐慌状态，因为它意识到有些事情已经改变了，而且是永远地改变了。于是，一种机制被触发，它需要执着地想着事情已经改变，每想一次就会撞上新的现实。我们想要迅速摆脱痛苦，但我们不是机器，我们需要时间去理解新的状况。除此之外，别无他法。

一条让你接受现实的道路

面对这种我们不愿正视的永久性丧失，大脑、心脏和身体都会行动起来，好让我们能够面对现实，然后接受现实。哀悼一般分为几个阶段，持续时间和丧失感的强度也因人而异。

1. 震惊

有些人在得知可怕的消息后表面上会非常平静，他们可能因为刚刚了解到的事情而目瞪口呆、无言以对。他们也可能处于否认状态，也就是说，他们的大脑无法相信这个消息，就好像事情不是真的一样。

2. 愤怒

然后是愤怒阶段，由悲伤、委屈或忽然而至的孤独引发的愤怒。只要能让大脑无暇他顾，愤怒就几乎可以指向任何目标。与此同时，潜意识会被激活，以便接受消息。你可能对自己感到愤怒，因为自己"什么也没做"（但你的确什么也做不了）。你不必自责，这种机制的使命就是给没有任何意义的东西赋予意义，不然的话，事情会因为太过残酷而无法接受。

3. 讨价还价

接下来是讨价还价阶段：你会问自己本该做些什么，或者还可以做些什么来改变这种状况。你会寻找一个解释或一条出路。这是一个复杂的阶段，目的是让大脑接受正在发生的事情，这是在完全意识到情况之前的最后一个步骤。

4. 抑郁

随后是一个充满哀伤的阶段。在此期间，你会真正意识到一些事情。当然，这取决于你要告别什么。这一阶段是由意识到丧失的无可挽回而引发的，这会导致强烈的无助感，而且你会认为这种痛苦会永远持续下去。

5. 接受

最后是接受阶段：在花时间消化了坏消息和它牵涉的一切之后，你终于允许自己向前迈进，即使这意味着生活方式的改变。这是最后一个阶段，它并不总是以线性的方式完成的。哀悼之路各有不同，时间或长或短都是正常的。

当你不得不面对他人的哀悼时

痛苦的惊人之处在于它很普遍，也很特别：即使你曾经历过哀悼，但在面对别人的哀悼时仍然很难找到合适的话语去安慰对方。事实上，这种痛苦是无法缓解的。作为朋友，你能做的就是在对方需要的时候陪伴在侧，并在他需要厘清头绪的时候说点什么。你要多些耐心和理解，你既不在对方的头脑中，也不在对方的生活里，所以不要评判。

生活总会重回正轨

在最初的震惊阶段，你是无法接受这句话的。然而，事情总有一天会好转。你醒来了，终于能够继续生活和思考——尽管那份痛苦还在、空缺还在，尽管改变已经发生，奇迹并不存在。

所以，你不会像什么都没发生过一样继续生活，而某些纪念日或往事浮现会重新撕开伤口。你也可能感觉怪怪的，但你已经过了那道坎：你接受了，即使你认为自己永远也做不到。在那一刻，哀悼完成了，这在任何时候都不意味着你忘记或忽略了已经消失的事物或人：你只是允许自己继续生活，长长久久地生活，而这并不意味着背叛。

 另见：情绪、死亡、心理健康

作业 (Devoirs)

虽然作业是一天的课程结束后要完成的任务，但你肯定把它当成"苦役"，认为它妨碍了你的休闲娱乐。但作业并不是一种惩罚！它可以检验你是否理解了在课堂上学到的一切，并帮助你通过练习去记忆知识和整合技能。

让你的生活更轻松

及时做作业：也就是说，如果可以的话，一拿到作业就开始做。我向你保证，这是你能采纳的最佳建议。一旦你有了足够的动力，就抓紧机会尽量去做，这样可以弥补你精力不足或情绪低落的那些时候。

找一个合适的地方：一坐下来，你就知道来这里是为了学习。不要在床上做作业，因为这样可能会混淆你不同的生活时段，还会干扰你的注意力和睡眠。你有属于自己的节奏，尽管原则上最优化的安排是在放学回来的时候放松一下，然后高效地投入学习：这样一来，蠢蠢欲动的惰性就没时间作祟了。如果你整晚都在拖延，你就无法真正地乐在其中，因为和作业相关的心理负担（知道自己迟早都要做作业）会干扰你。

（近乎）愉快地做作业

每个人的大脑都是不同的，都有自己的工作方式。如果你喜欢边听音乐边做作业，这样有助于你屏蔽外界的干扰、集中注意力，那你就这么做。

你还可以和朋友一起学习，前提是你能集中注意力。一起学习能给人很大的动力：大家一起进步，一起休息也会更加愉快。在公共场所（图书馆、咖啡馆等）学习也不错，因为这样可以远离让你分心的事情，而且在场的人也能帮助你坚持到底，你肯定不会想让旁边的人看到你在刷视频吧？

方法不一而足，所以你要花时间去尝试，找到最适合你的方法。你会发现，做作业远非看起来那么痛苦。

 另见：初中、高中

离婚是两个人决定结束他们的婚姻，终止当初的契约，并承担由此带来的所有后果。

一段生活的结束，另一段生活的开始

爱情是美妙的，但也会有结束的一天，没有人知道为什么。婚姻并不能阻止你遇见别的人，并希望与这个人建立关系。有时，随着岁月的流逝，夫妻中的一方也会变化，直到和以前完全不一样。还有的夫妻并非真正地相爱，在一起的原因有很多。有一天，这些原因不再足以让他们继续在一起。虽然夫妻分手可能影响到旁人，但旁人对此并不负有责任。父母离婚不是你的错！你正在经历一场你没有选择的分离。你的生活即将改变，而你有权感到难过。跟你的父母、其他的家人、可能有过同样经历的朋友，甚至是心理医生（如果你愿意的话）谈谈这个问题！

离婚，怎么离？

要让离婚正式生效，就需要法官来决定家庭财产的分配，无论是两人的房子还是存款。另外，在大多数情况下，离婚等同于实质性的分开：如果夫妻俩住在一起，那么其中一方或双方就要搬离。而"子女监护权"也是由法院来决定的。但是，你应该知道，孩子有权表达自己想和哪位家长一起生活——甚至可以通过法律援助来维护自己的这一权利。

你的家庭并不比其他家庭差

如果你的父母离婚了，你或许会羡慕朋友的家庭。然而，你可能不知道——因为你永远也不可能知道别人家的一切——你朋友父母的关系可能也不大好，你的朋友也可能羡慕你。的确，你的父母分开了，但这总比不快乐的父母在一起、每天当着孩子的面或明或暗地吵架要好。

如果你的父母分开后仍在争吵，或是当着你的面批评对方，你可以坦言相告，这种状况让你很痛苦。记住，你的家人并不仅限于父母：或许你可以跟祖父母谈谈你的痛苦，如果你和他们很亲近的话。你可能会感到孤立无援，但总有一天一切都会改变。我保证。

新的生活，你会适应的！

父母离婚后，你可能会有继父母，也就是说你的父亲或母亲开始了新的生活。这对你来说可能会很复杂，特别是如果父母离婚闹得很僵，或者如果继父母"有备而来"……比如带着孩子，或是想在你面前树立权威。无论哪种情况，你都要告诉自己，眼前这种奇怪的状况比你想象的更常见。而且，虽然这个人无法取代你的亲生父/母，你也要跟他一起生活，因为这是爱这个人、信任这个人的你的父/母做出的决定。你有权花时间和他建立联结，你有权问问题，你有权不跟他亲近，但你要表达自己的想法，你的父母总会理解的。如果他们不理解，你仍然可以做一些事情，比如私下找其他成年人谈谈，可以是你学校里的人，从而让情况有所改观。

另见：冲突、搬家、家庭

搭讪 (Drague)

故意找话说，然后开始攀谈，目的是取悦对方并与之建立浪漫关系。

搭讪，很吓人吗？

是的，搭讪可能会很吓人！面对那双让你神魂颠倒的眼睛，你手足无措，而且还不知道自己为什么会这样。所以，与对方搭话对你来说似乎是不可能完成的任务。因为，说到底，诱惑的游戏中会掺杂很多个人的东西。首先，除了外貌，还有一系列原因让你喜欢上一个人：这个人会勾起你的回忆；这个人的特质会引起你的好奇；这个人正是你想要的那种类型……而这有可能只是单相思。令人眩晕，不是吗？

事实是，虽然将这一切留在美梦里也不错，但放手一搏也很好——而且这么做可以避免你在大脑和心脏太长时间高速运转之后从云端跌入低谷。在最坏的情况下，你会发现这个人不喜欢你，或是没空跟你约会——在感情生活中，时间就是一切。每个人都会碰到这种情况，这不是你的问题。对方对你不感兴趣并不代表你不够好。这从来都不是一件令人愉快的事，但自我很快就会恢复（你至少会为自己鼓起勇气去尝试了而自豪！）。最后，实话实说：多经历几次你就会意识到这一点：暗恋，哪怕是达到痴迷程度的暗恋，大多是心血来潮，因为你想要证明自己有吸引力，那并不是真爱。

放手一试

是的，但怎么去放手一搏呢？我们往往会通过眼神、言语、态度和感觉本能地感知到这个人是否喜欢我们。但是你看，大脑很喜欢关掉心的雷达，有时是为了免受过去痛苦的伤害，或者相反，为了不惜一切代价实现梦想。所以，最简单的做法就是求个明白。因为害怕尝试，我们错过了太多美好的故事。

你没必要特意去见对方，直截了当地告知你喜欢他！找个机会跟他聊聊，观察他是否真的在看你，是否会接你的话并回应你的问题，是否会尝试延长这个时刻。如果一切顺利，在互动结束时提议下次再约——理由不重要：喝咖啡，看电影，甚至是复习功课！你可以从对方的反应中得到很多信息。如果你在网上感觉更自在，那你可以通过微信聊天或发朋友圈。对你感兴趣的人会回复你——不会有尬聊的感觉——就这么简单。对网络信息要小心，不要过度解读，记住：一个人不会因为看了你的朋友圈或喜欢上你的某张照片就对你痴迷到疯狂的地步。

一旦交流变得更持久，你很快就能看出你们之间有没有可能成事。眼神永远不会骗人，你最终会感知到一切是否顺利。如果顺利的话，你就可以再多表达一些细小的关注和好感，看看对方是否会回应。如果对方回应了，那就选个好日子约会吧！深吸一口气，不要犹豫：只需告诉对方你喜欢他，等待对方的反应。

＊我很喜欢你！

＊ 此处为文字游戏："象棋"是"游戏"，法语的"游戏"（jeu）与"我"（je）同音，"t"是"你"，桃心是"喜欢"，"B1"连读与"很"（bien）同音，连起来就是"我很喜欢你"（Je t'aime bien）。——译者注

不要强求

记住:你不能强迫别人为你着迷。虽然你魅力十足,但对一个对你完全不感兴趣的人不会起作用。此外,如果你对他人的搭讪毫无兴趣,千万不要想着让对方出丑:在对方跟你说话时交叉双臂(这是一个非常明显的肢体语言)。如有必要,告诉对方你没有同样的心思——这样至少可以消除疑虑和尴尬。

强行搭讪是缺乏自重的一种姿态,这种姿态最终会损害你的自尊。所以,如果你处在这个位置上,为了你的幸福和你渴望之人的幸福,不要强求。如果你一开始很难做到,那就多点耐心。

而且你要知道,哪怕是世界上最有魅力、最有才华的人,也不可能取悦所有人——或许这样更好,不是吗?

➡️ 另见:爱情、心痛、欲望 ⬅️

失败 (Échec)

失败是指在某个特定时刻没能做成某件事。仅此而已。记住，失败并不是终点，甚至可能是成功的开始。

失败的直接后果

你留级了，或输掉了一场很重要的锦标赛……我们可能在各种领域遭遇失败，但这不是害怕失败的理由。失败从来都不会让人愉快，你需要时间去接受它，最重要的是要懂得区分没有成功和失去某些东西的失望及痛苦——这通常是让人耿耿于怀、无法前进的原因。花点时间想想自己的情绪。你可能会感觉很糟糕，但你必须明白，发生的事情并不能定义你这个人。而且，气馁是很正常的！找个你信任的人谈一谈，他可能和你有过同样的经历。

失败是学习的机会

这话你可能已经听过了，但我们确实可以从失败中学到东西。经历过几次失败之后，你就能更好地领悟失败，因为你知道自己会如何应对：你知道如何捕捉蛛丝马迹、如何振作起来。当然，失败依旧令人不快，但振作的难度似乎越来越小，因为你知道自己已经成功做到了这一点。

经历失望也是做出改变的好机会。例如，你可以借机找出导致失败的行为。你可能会意识到发生了什么完全与你和你的行为无关，这会让你更容易接受失败。你还可以借机与那些拉你下水或让你感到不太舒服、心情不好的人拉开距离。你可以凭直觉感受到，尤其是遇到困难的时候：有些人只会让事情变得更糟，你会强烈地想要摆脱他们。

你亲近的人遭逢失败：
该做什么，不该做什么？

- 不要对他说"不要紧"：对这个人来说很要紧。

- 不要趁机讲述你的个人经历，尤其是结果令人满意的经历。

- 不要对他说"我就说嘛"：这么说会让对方感到内疚；这不是关于你的事，也不是关于你的远见卓识。

- 给他看生活中美好的东西，从而帮助他正确地看待失败。

- 提醒他在失败之后是可以振作起来的，过段时间情况就会好转。

- 每天询问他的消息。遭遇失败时，人的感觉很糟糕，而知道自己有坚实的依靠会让人倍感欣慰。

- 带他出去转转，让他听听暖心的歌曲。

- 告诉他：你会陪着他，你不会评判他，他不是可怜虫，他可以告诉你任何事情。

- 告诉他，有时候失败会反复发生，一旦缓过神来，最重要的事情就是思考失败的原因。还要告诉他你会帮他一起找出原因。

- 提醒他生活中还有比成功更重要的东西，我们不是机器。成功是相对的、转瞬即逝的：每个人都有自己的标准来定义成功。

失败不能决定你是谁

考试没考好？也许你还不够用功，或者没吃透这道题。这在任何时候都不意味着你永远无法成功。想象一下，一位你欣赏的运动员正在尝试绘画，也许他不会在这方面有出色的表现，但这并不意味着他没有天赋，只不过他的天赋在别的方面。就拿你那个弹吉他特别棒的朋友来说吧，他不是跑步冠军，不仅因为他没有尝试过跑步，还因为人不可能什么都擅长。同样，你可能会走上最终发现不适合你的道路，只不过是它们不适合你而已。但这并不意味着你是平庸之辈。你只需要花时间去了解是什么阻碍了你，或者去进行其他尝试。人生漫漫，更换赛道并不会浪费太多的时间。去读几本能激励你的偶像的传记，你就能明白这一点了：你会发现偶像的人生历程也不是一帆风顺的。

重整旗鼓！

在失败时，你会觉得自己永远也不会成功，这很正常。但是，人往往会在触底之后反弹。你要牢牢记住这一点，尤其是感觉自己的世界因为一个或几个坏消息而崩塌的时候。不幸的是，没有缓解痛苦的灵丹妙药：你必须花时间慢慢消化。好消息是，你总会扛过去的。一旦你感觉好一些，就想想其他的计划或者生活中有待改善的方面。

还要记住，当你的大脑想从失败的角度来回顾你的人生时，不要听信它。因为事实并非如此。你已经做成了很多事情，而且你会继续做成其他的事情。另外，为什么不把注意力放在进展顺利的事情上呢？比如，你虽然在某个时刻失败了，却拥有一群超级棒的朋友，因为你是一个超级棒的人。或者，你可能遭遇感情的失败，却在某个科目上学有所成。所以，人不会做什么都失败。你只需接受一件事：生活就像一张巨型彩票，你不可能总是同时拥有一切。回想一下那些你之前没做成、后来做成的或带来了某种改变的事情：你绝对想不到的美丽惊喜！快乐总会回来，信心也是。

放手去做

当我们推进一个心心念念的计划时，无论是在教育、艺术还是其他领域，我们有时会遇到无法解决的难题。它会以不同的方式体现出来，但我们往往会推迟、拖延。这是因为，当你开始的时候，你会面对自己的希望——冒着失望的风险。因此，首先要做的是：当你期望某件事时，避免走得太远，说得太多。在这种情况下，失望更大，失败更难承受。其次，我知道推倒重来更容易：但不到万不得已，不要去做破釜沉舟的事情。但是，在你放手去做的时刻，你就像从跳板上跳下来一样，终于投入想做的事情中，你会发现自己充满了力量。即使结果不如意，我们的力量也能让我们再次尝试，直到做好为止。然后有一天，拼图的碎片终于各就各位——那是一种无法形容的感觉。永远不要因为害怕失败而否定自己。

➡️ 另见：未来、初中、高中、梦想 ⬅️

生态 (Écologie)

生态，其目的在于让大家了解人类是环境的一部分——这个环境就是地球，以及和我们一样生活在地球上的动植物群落，因为它与我们息息相关。

注意，紧急！

几十年来科学家们一直在猛敲警钟，但经济上的利害关系仍然高于一切。全球变暖、物种消失、海洋污染、森林破坏、流行病肆虐：我们作为一个物种的行为对整个生物界的影响是灾难性的，我们已经在付出代价。

生态承诺

出于这个原因，很多人投身环境保护：有些人通过激进的行动，有些人通过改变消费习惯。环保活动家的目的很简单：让最有能力引领这一改变的人真正参与到拯救地球的行动中。为什么要参与环保？因为地球遭到的破坏令人震惊，而且这些破坏具有深层的不平等。例如，当工业界将水视为取之不尽、用之不竭的资源并大肆挥霍时，全球约11亿人无法获取水资源。每天，全球变暖和水位上升造成的灾难都在威胁着一些国家的国民，因为这些灾难让他们的家园和生存资源变得岌岌可危。

日常行动

你眼下就可以在你的初中或高中组织小型的环保行动，做一些力所能及的事情，比如采取一些环保小举动，或者提醒你的朋友和家人这些问题的重要性。

环保小举动

- 如果可以的话，请尽量乘坐公共交通工具、骑自行车或步行。如果你要去旅行并且可以选择交通工具的话，请选择火车而不是飞机和汽车。

- 避免泡盆浴。冲淋浴，但不要长时间冲。事实上，一次有效的淋浴不应该超过4分钟，也就是听完你喜欢的歌曲的时间！

- 垃圾分类，如果可以，避免制造垃圾。选择大包装袋而不是小包装袋，不要购买塑料盒包装水果这样的蠢玩意儿——是的，它确实存在。不要扔掉没有坏的食品或物品，这是浪费。

- 记得关灯！

- 不要往地上扔东西（这也是对清洁工最起码的尊重），而且请把你看到的垃圾捡起来，尤其是自然环境里的垃圾！

➡ 另见：未来、危机、纯素主义 ⬅

情绪 (Émotions)

可能有人跟你说情绪是一种比较脆弱的东西，最好隐藏起来。
真遗憾！实际上，"情绪"这个词源自拉丁语，意思是"移动"，
确实，情绪是推动我们做事和前进的动力。

不要害怕感受情绪

害怕，不是做受害者；悲伤，不是软弱；愤怒，不是歇斯底里；羞耻，不是过度反应；爱，是十足的人性。你有权感受情绪。

如果说不要被自己的情绪淹没很重要，那么不要压抑自己的情绪也同样重要，否则它们随时会卷土重来。当你生出某种强烈的感觉时，不管是什么原因，即使你觉得有点荒谬或不合理，你也必须花时间去消化它。你感到悲伤，不顾一切地躲避悲伤，你觉得已经把悲伤掩埋了，但它会在一个不该出现的时候重新出现，而且会给你留下更深的烙印。

面对你正在经历的一切

如何真正去面对你的情绪？那就是，不要逃避，即使你觉得自己没有一秒钟的清净，即使你很想逃避。花点时间确认你的情绪，并对自己说"现在，我感到愤怒""现在，我感到失望""现在，我感到悲伤"。用语言把情绪表达出来是让大脑接受它的第一步。你也可以向信任的人倾诉。你还可以大声和自己讲话（没有人的时候，否则你会很尴尬），直呼自己的名字并说："好吧，你现在什么感觉？""为什么会有这种感觉？""这是你的错吗？""你能改变些什么吗？""你一年前的感觉和现在有什么不同？""你觉得一年之后还会有这样的感觉吗？""你到底想要什么？"你会看到，这种做法效果奇佳！

保持冷静

负面情绪的存在是合理的,没有人能免于负面情绪,即使是特别坚强、富有经验或看起来能够掌控一切的人也不例外。不要假装自己不难受。你或许能骗过几个身边的人,你在几小时内可能会虚假地觉得自己很体面,然后呢?对这些提醒你应该采取行动的信号视而不见没有任何意义。所以,最好的做法是不要和你的情绪对抗,而是要倾听和接纳它们,以便更好地应对它们。

重要的是,你要确保对自己和自己的情绪有像对待你珍视之人那样的善意。还有,不要低估自我拥抱的力量:任何时候你都可以给自己一个大大的拥抱。

接纳你的情绪

这并不总是容易做到。一开始，这通常意味着任由情绪淹没自己，直到大脑接受情况或消息，身体平静下来。但这至关重要，因为这能让你慢下来并避免做出冲动的反应，否则你很快就会后悔。这种等待的状态往往是一个痛苦的过程，会持续数小时、数天或数月。然后，你要竭尽全力克服最初的那些感觉，并朝着某个你不一定想去的地方前进。如果是愤怒，那么等待的时间会让你冷静下来，然后你才能做出决定并采取合理的行动。如果是悲伤，那么等待就能让你尽情宣泄，直到继续前进的渴望重新回来。如果是恐惧，等待会让你想象所有可怕的场景，然后逐渐明白它们不可能全都发生，你可以毫无顾忌地继续前进。

细细品味积极情绪！

与负面情绪相关的反应可能会令你吃惊：尖叫、哭泣、精疲力竭、呕吐甚至晕倒。另一方面，积极情绪的力量往往被我们淡化。在生活中，太过直白地表达喜悦可能会显得很奇怪，除非是在特殊场合。但是，当你感到快乐时，花点时间把它们牢牢印在脑海中：听听对这些珍贵时刻来说具有意义的音乐，随便写点什么或者创作点什么。而且，这么做还能帮助你记住每一种感觉，于是你就知道以后如何重现它们了。

有起有伏是人生的自然规律

我们还要相对地看待事物。人不可能一直处于快乐的巅峰。但每个人都会在某个时刻遭受痛苦或感到脆弱，即便是那些在生活中运气爆棚的人。奇妙的是——你肯定有过这样的体验——在与你的情绪、感觉、生活和自我苦苦对抗之后，你往往会在某些时刻感到比之前快乐了很多。这就是秘密所在：生活有着周期性的一面，有起有落，这是人生的规律——很多人试图改变它，但都没有成功。好消息是，我们的负面体验有时很强烈，但也会让我们的积极体验更加强烈。而且，你不过是感受到了一种困难情绪，并不意味着它会永远把你困住。比如在一个倍感疲累的日子里，你看什么都是黑色的。但第二天，这种感觉消失了，而你却无法理解这个过程。你无法掌控一切，这就是人生的运作方式。在某个时候（我保证它迟早会到来），你甚至会更好地拥抱负面情绪，因为它能让你感到生命的活力。

学会了解自己

一些人因为经历了异常艰难的事情（有时已经经历很长时间了），或者相反，因为他们直到现在都未曾感受过多少负面情绪，或者仅仅因为他们天生就这样，所以对所有的情绪都有更强烈的感受：这被称为"超敏反应"。我们无法选择它。这种情况看起来很难处理，就像任何不太合常理的事情一样，但实际上，这只是感受情绪的另一种方式。

此外，感受到强烈的情绪绝不是对他人行为不当的正当理由。但你放心，随着经验的积累，你会处理得越来越得心应手。小孩子在第一次弄掉冰激凌时会哭得稀里哗啦，但到了第十次，他会失望，然后就过去了。你会适应这一切。随着人生经历的积累，你会更容易找到接纳自己的情绪（甚至用语言表达出来）和把情绪宣泄在别人身上之间的平衡。不必担心，了解自己是一段令人兴奋的旅程。

另见：好意、愤怒、冲突

高等教育 (Études supérieures)

高等教育在高中教育之后，这几年的学习旨在为你将来的职业做好准备。

不负韶华

你可以在自己成绩允许的范围内选择专业。选择你喜欢的，但也要选择那些能帮助你找到适合自己的职业道路的领域：在做决定之前，要考虑你掌握的资源、你长期学习的意愿，以及你对独立的渴望或需要。你是否已经打算开始自己的职业生涯？

留级或换专业会让你失去一年的时间，这可能会很烦人，尤其是在经济上。但这对于人的一生来说算不了什么。如果你不喜欢自己的学业，要知道这不是无法改变的。首先，你有权花时间去尝试，有时候，你要咬牙坚持几个月才能适应。然而，如果这真的是一种折磨，不要强迫自己。没有什么值得你付出身心俱损的代价。

你可以去问问其他人踏上职业道路之前的经历，你会发现，要想在某些领域工作，上过的学和走过的路可能是多种多样和异常曲折的！你会迷路，但最终你会找到自己的路。

新生活

通常，接受高等教育需要到另一个城市。这并不意味着彻底改变你的生活：你可以跟老朋友保持联系……同时结交新朋友。大学阶段是一个特殊的时期，很容易进行社交并建立庞大的社交圈，你会度过几年快乐的时光。

为了熟悉这种新生活，你可以寻求建议、参观学校，如果可以的话，还可以通过社团认识其他学生。在这段充满变化的时期，你肯定不会是唯一一个感到迷茫的人！

学习的现实

忘掉电影里豪华校园的套路吧,你不如去问问周围刚刚大学毕业的人,他们最有可能告诉你可信的大学经历。但要记住,每个人的学习之路不同,这取决于就读的教育机构和求学者本身。你自己的学习之路也必然是独一无二的。

你还要打破另一个刻板印象:大学生活并非每天聚会不断。很多学生边学习边打工,或者整天泡在图书馆里用功。如果你的家庭负担不起你的生活费,你可以申请奖学金或找一份学生工。学生工对提高自身价值可能没有太大帮助,但至少可以让你拥有一定的自主性,并丰富你的简历。

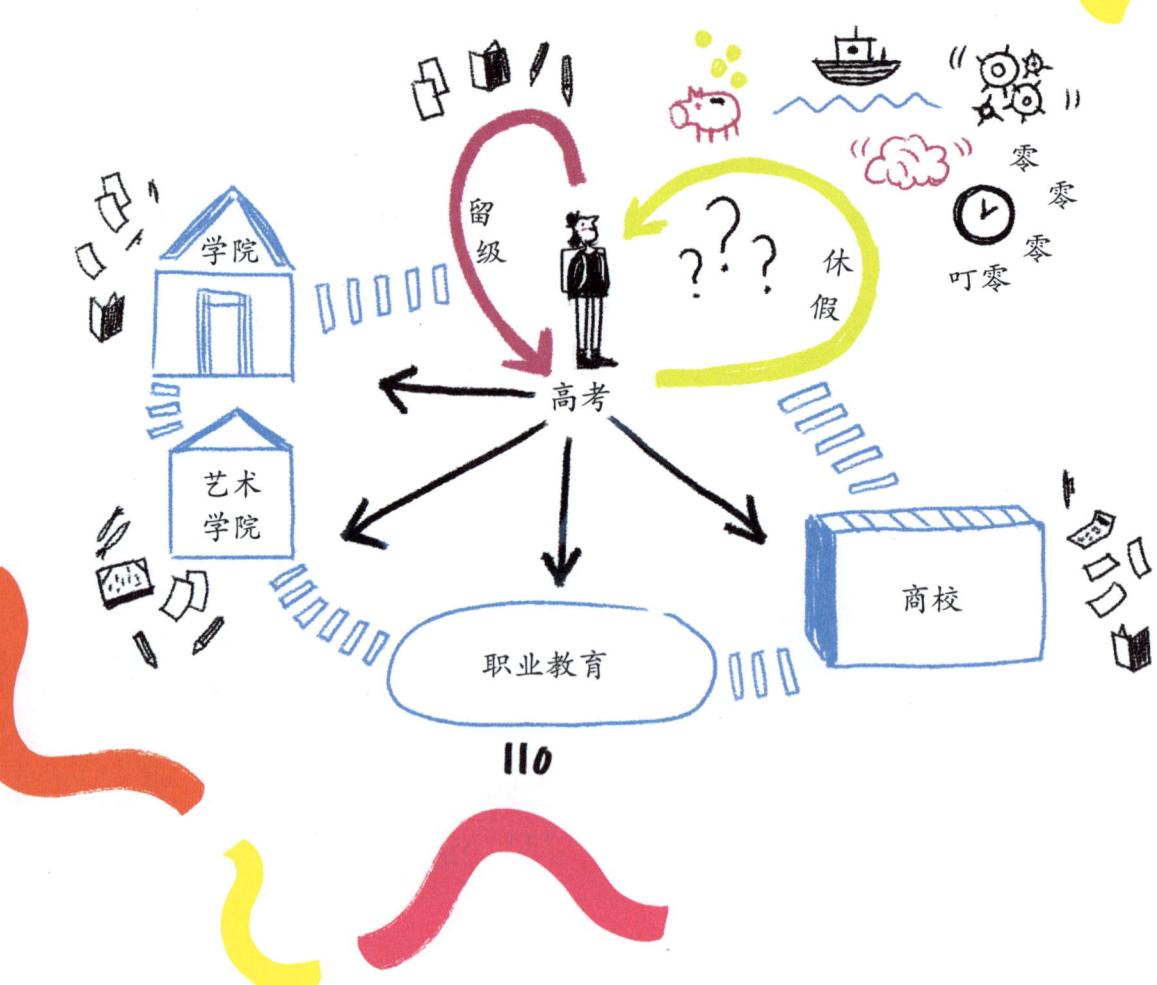

享受体验

你没必要参与你所在年级或新社交圈的一切活动！你不必为了融入其中而委曲求全。体验疯狂的大学派对没有错，但没有必要为了适应一个不适合你的模式而去做违背本性的事情。

对人的一生来说，大学时代会是一段永不会褪色的岁月，在这几年中，你离开熟悉的环境（家人、朋友等），你探索、发现、认识自己。这是一个全新的展现自己的机会，也是在更多具有不同背景的人面前做自己的机会。

➡️ 另见：未来、搬家、高中、职业教育 ⬅️

家庭 (Famille)

**家庭由因血缘或祖先联系在一起的一群人组成。
我们在家庭选择的价值观、传统和生活方式中成长。
因此，它在我们的生活中起着决定性的作用。**

没有唯一的家庭模式

一个家庭里有时只有父或母，因为离婚或另一位去世了。在这种情况下，我们不仅有父母，还会有继父母。

当然，我们有所谓的"核心家庭"，即父母及其子女，但家庭实际上包括所有与你有血缘关系或收养关系的人：因此，你的家庭里可能有父母、兄弟姐妹、祖父母、叔叔和婶婶，甚至还有那些你不常见到的表兄弟姐妹！在这方面，有很多模式，但有趣的是，在这个部族中，每个人都非常不同！特别是在大家庭里，这些人中有些跟你关系亲近，有些则不那么亲近。这是完全正常的。即便要友好地对待每一个人，你也不必把你的生活亲密无间地告诉每一个家庭成员。

世上没有完美的家庭！

你总觉得别人家没那么多糟心事儿。这可能是相对真实的，但永远不要忘记，你是从内部看到自己的家庭，从外部看到别人的家庭的——如何装作一切都好，没有谁比家庭更能胜任这个任务。

当你在去朋友家，一切都比较轻松的时候，你看到的只有好的一面，于是你就会觉得别人家比较好。这很可能是一种错觉：你去的时候都是愉快的时候，这些时候的气氛是很轻松的（甚至是因为你在），然后你拿这些时候跟自己家的放学之夜和上班之晨相比，那时每个人都很紧张，而且并非都友好、心情愉快和乐于相见。

还有你的某些朋友，总爱谈论他们又跟家人一起做了什么不可思议的事情、他们超棒的假期。你会禁不住觉得别人都是幸运儿。尤其是那些父母总给他们购买最新款运动鞋、允许他们外出或组织盛大派对的人！

实际上，这就有点像你在社交网络上看到的。每个人都只看到自己生活中无聊、悲伤、愤怒和失望的时刻，却看到别人生活中"最好的"一面。真相就是，世上没有完美的家庭。在一些家庭中，争吵是常有的事，甚至家人之间不说话，只有让人压抑的沉默。有时候，家人之间的关系太过紧密，以致让人窒息；还有的时候，家人之间的关系太过疏远，以致让人孤独。有的家庭很有钱，有的家庭没什么钱，不管钱多钱少，各有各的烦恼。你越是深究，就越会意识到，不存在完美无缺的家庭。

没有什么可以强迫你与家人亲近

传统观念认为，无论发生了什么，我们都应该和家人终生联系在一起。事实并非如此。来自家人的情感勒索会更厉害，但你不必把它强加给自己。

如果你面对的是一个有毒的家庭，那你可以选择离开。

感到家人对自己不理解或不接纳是非常痛苦的，离开他们也绝非易事。我们经常谈到血缘关系，但也有足够强大的友善关系可以弥补，甚至取代不称职的家庭。要知道，你总会找到其他能够理解你和爱你的人。假以时日，这些人可以组成一个你自己选择的家庭。

珍惜你爱的人

如果你有过失去家人的不幸经历，那么你肯定知道这一点，但生活的步伐比你想象得快。所以，请珍惜与亲人在一起的宝贵时光，尤其是和年长的人。年轻时，在你有幸经历的所有令人兴奋的事情中，你往往会忘记没有什么会永垂不朽——你所爱的人会变老，有一天将无法再与你分享这么多。所以，当你和亲人在一起的时候，要全身心地投入：也就是说，不要来去匆匆，也不要大部分时间都在玩手机。要用心陪伴，让这一段时间成为真正的美好时光。

总有一天，这些瞬间会变成回忆，你会带着怀旧之情想起它们。所以，趁现在好好享受！

家庭聚餐：避免精神崩溃的小窍门

- 避免发起你知道不会有好结局的讨论。
- 平静而坚定地表示你不想谈论某个话题。
- 用假装没听懂的方式回应别人的笑话。
- 明智地选择你在餐桌上的位置——如果你不喜欢复杂的讨论，那就坐在年轻人旁边，至少你可以落得清静！
- 记住，离开是可以的，你不必忍受一切。你与家人的血缘关系并不能定义你这个人，也不能迫使你做任何事情。

另见：友情、冲突、离婚、嫉妒、毒性

疲劳 (Fatigue)

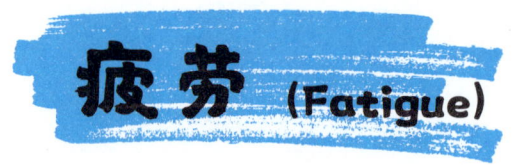

疲劳是一种虚弱的状态。

我们会在身体或心理层面感受到这种能量的缺乏，有时两者皆有。

后果严重的状态

疲劳会对你的生活产生影响（包括但不限于）：缺乏决心、斗志和心智能力降低，甚至受伤。在极度疲劳的时候，你尽量不要逼迫自己做事，把重心放在专注优先事项和恢复精力上。

另外，要保持警惕，因为疲劳很快就会形成恶性循环：疲劳的影响更加累人。对自己宽容一些：没有必要拿你的状态与别人的做比较。你完全可以不在最佳状态。你的身体向你发出这些信号是有原因的，所以不要忽视它们！

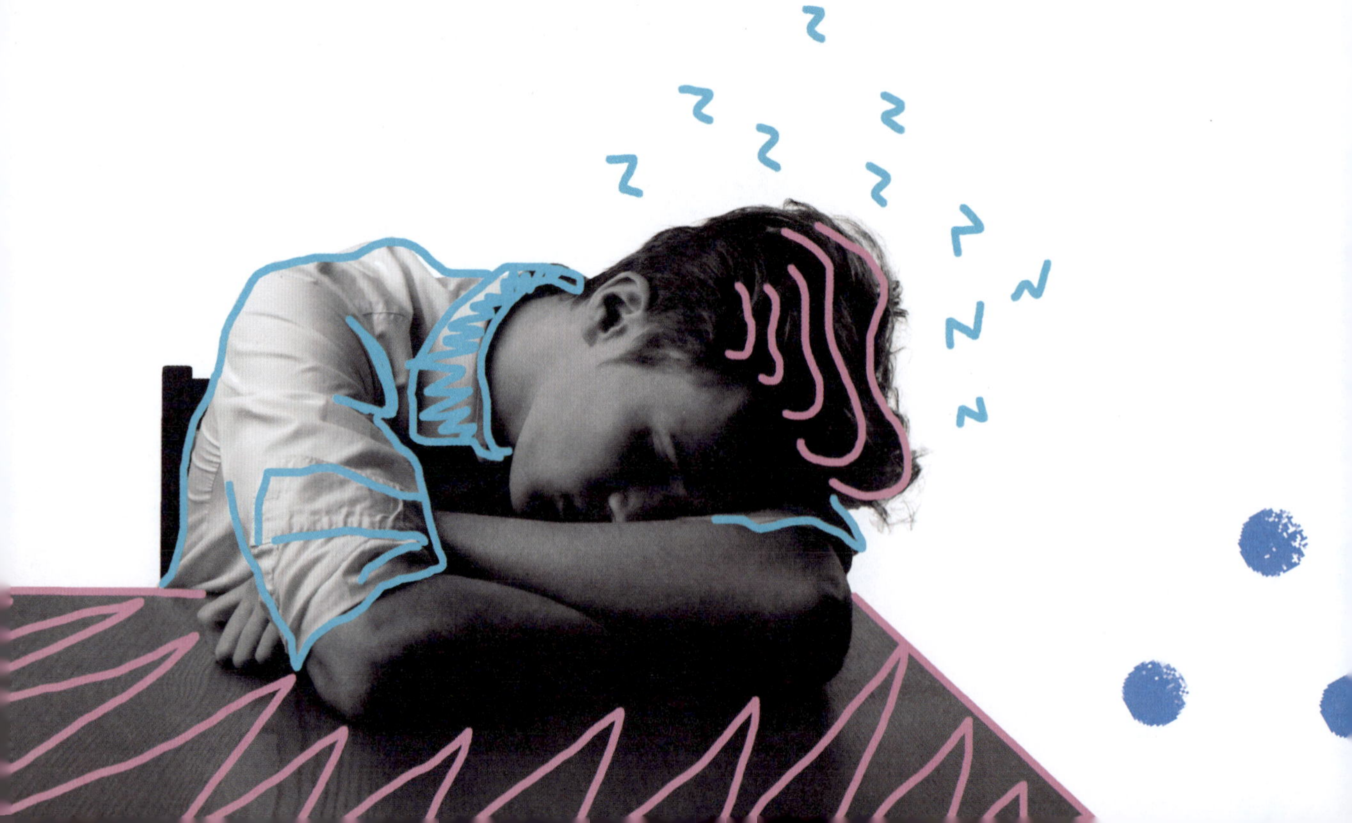

去睡觉！

疲劳是因为用了很多的力，也可能是因为睡眠不足或某些特别耗能的精神状态（如考试期间的压力，以及焦虑、抑郁等），或不良的生活习惯（如饮食、饮酒等），或重大的心理冲击（如失望、哀悼或创伤）。想要补救，你就要努力过上健康的生活。熬夜有时会留下美好的回忆，但这些不眠之夜对身体的影响比你想象中更大。如果你经常失眠，请认真对待这个问题，赶紧去咨询医生。

睡个好觉

你的身体每晚需要9~10小时的睡眠才能得到充分的休息——要睡好久啊！所以，睡个好觉是重中之重。

- 尽量在一周内保持规律的睡眠时间，并在周末尽可能多地休息。
- 睡前不要吃太多。
- 下午5点之后避免刺激性产品，如咖啡、苏打水和果汁。
- 至少在睡前一小时放下电子屏幕。光和社交活动的纷扰会延迟你的睡眠。
- 除了睡觉，不要在床上做任何事情（例如，不要做作业）。
- 做运动：做运动可以调节睡眠。注意时间不要太晚，以免让你难以入睡。

疲劳不是脆弱

不要质疑别人的疲劳：你永远不知道他人正在经历什么，正如你有时不愿意对他人吐露自己的事情一样，你不能强迫别人告诉你他为什么疲劳。同样，不要因为精力不如人就觉得自己很弱。在羡慕那个每晚只睡5个小时却不会精力不济的哥们儿之前，先提醒自己，你们不同，你们的生活也不同。有些人在早上更有活力，有些人在晚上更有活力：这是新陈代谢的问题。

午睡

午睡时间太长，你不仅无法得到休息，反而会感到筋疲力尽。如果你感到困倦，那就找个无人打扰的地方睡一会儿，最多半个小时。这个时长可以避免你进入深度睡眠，因为从深度睡眠中醒过来会更难。这就是为什么你可能会觉得没睡，但别担心，半个小时的休息对于一天中剩余的时间来说已经足够了。最重要的是，不要在床上睡，这会扰乱你的睡眠模式。

 另见：松弛感、心理健康、身体健康

女性主义 (Féminisme)

**女性主义很简单，
就是认为男女之间必须在权利和实践上拥有真正的平等。**

令人震撼的觉悟

当某天你发现自己是一个女性主义者时，你会奇怪，因为你突然意识到很多事情：你可能遭受过的暴力，而你当时不一定认为那是暴力，还有日常生活中反常但普遍存在的性别歧视行为，或这些行为对恋爱关系的影响。面对现实既不容易也不愉快！这就是为什么有些人对女性主义那么抵触——尤其是女性，因为对她们来说，从这些全新的角度去审视自己的现在或过往实在太过痛苦。

如果你是一个男孩，你看到了女孩们正在经历的事情，一开始你可能会觉得难以置信，因为这些你没有经历过，而且它们令人震惊。你可能还意识到自己的行为也很糟糕。但要知道，在你有了这种意识之后，去了解女性主义，注意到你哥们儿或家人话里有问题的地方（我们听到更多的是那些没有受到压迫的人的声音，因为他们被认为"没那么敏感"），支持受到侵害的朋友并谴责加害者。

姐妹部落

齐心协力面对、分享艰难的经历，会使我们感到再也不会孤单、被无条件地支持和鼓励，并能坚强地面对那些每天都想看到我们卑躬屈膝的人。有一天，我们走进这个世界，忽然间，一切都有了"再也不要"的意味。我们心中掀起抗争的热浪，沉浸在被认可和被理解的幸福中，并依靠永远不会背弃我们的姐妹情谊而存在，这使我们变得强大。

意识到自己的特权

对很多人来说，除了在充满性别歧视的社会里身为女性外，还可能在充满种族歧视的社会里身为黑人、亚洲女性，在仇胖和充满残疾歧视的社会里身为胖子、非典型神经发育者或残疾人。因此，在不搞分裂的情况下，我们真的应该意识到自己的特权，并尽可能为那些遭受额外压迫的人提供支持。

性别歧视无处不在

就像一个家庭里的女性只能做饭、照顾孩子和保持沉默一样，如果一个社会的一切设置都旨在将女性放在较低的地位时，我们就说这是一个充满性别歧视的社会。她们不享有男性拥有的权利，伤害她们不会受到法律的制裁，而且她们几乎不可能选择自己的生活方式。如果你认为这与我们无关，那么我建议你回看一下过去。比如在50多年前的法国，女性不能拥有银行账户。

定义

性别歧视是一种对男性与女性之间进行区分和等级划分的普遍做法。一系列的行为、言语甚至规则，都会让女性身处低一等的境况中。性别歧视的体现方式数不胜数。好消息是，我们可以打击性别歧视，而且是有效地打击。

日常生活中的性别歧视

- 性别笑话：这类笑话并不好笑，只会让人不舒服，而且经常涉及女性的外貌。

- 对女性所谓的道德或"名声"的反思（荡妇羞辱）。

- 家长做派、高高在上：例如，男老板管他的女员工叫"我的美人"，或者一个男人在跟一个女人说话时表现得就好像那个女人什么都不懂一样。

- 男孩俱乐部：这种圈子自然而然地将女性排斥在外，不是因为她们缺乏技能或亲和力，而只是因为她们的女性身份。

- 对空间的占用：除了街头骚扰，还有让女性感到不舒服的凝视，或者体育课上的"男生专用"大型足球场。

- 政治方面：关于女政治家的着装或外貌的争议，或者她们经常被人以名而不是全名称呼。

- 语言方面：把性别加在职业或身份之上，如"女司机""女作家""女大学生"等。

起来抗争

在家里，在工作中，在朋友之间，在街头，在学校，在派对上：每个人都可以采取行动反对性别歧视。任何正派的人都不会允许不公正的事情在自己眼前发生，即使这些事情与他们无关。奇怪的是，这是常态，当抗议那些我们没有直接经历过的事情时，因为我们看起来更中立，所以会被更多地听到。因此，如果你是男孩，当你指出性别歧视的态度时就会效果显著。当然，作为女性，我们也要相互捍卫：这会给予我们无穷的力量。

正确的反应

- 你的朋友在喝酒时开性别玩笑：让他清清楚楚地解释他想表达什么意思，然后告诉他为什么他的笑话俗不可耐。如果你是男孩，那太好了，你更有可能说服他了。

- 你的姐妹和表姐妹在餐桌上总是被打断：你在说话时要尽量看着她们，好让她们重新成为讨论的中心，并通过直接向她们发问来让她们发言。

- 一个陌生人在街上摸了你的女性朋友的屁股，如果你有信心震慑对方，就在坏人面前大喊！这会让事态平息。

- 你的朋友在课堂上对有关被虐待或被强奸女性的事情胡说八道：私下里，非常明确地告诉他，从概率上来说，他刚才的那番蠢话肯定被相关的人听到了。他的做法非常伤人：这就像在所有人面前大谈某个人的创伤，好让大家去质疑这个人的创伤。

- 你的老师在课堂上发表了一番带有性别歧视的看法：由于很少有人会直接表达此类看法，我建议你打"天真牌"，请这位老师阐明自己的看法。当一个人不得不花几分钟去解释自己的胡言乱语时，他往往会觉得自己像个白痴。角色颠倒一下会很有趣！

定义

荡妇羞辱是一系列旨在让任何被视为"荡妇"的女性感到内疚、羞耻和被排斥的行为。大致来说，这是一种让女孩谨言慎行、娴静乖巧的相当古老的压迫手段，让她们觉得性对一个女人来说是有辱人格的。是的，有这种想法真令人不齿。

双重标准

你肯定已经看到甚至经历过这种巨大的差异：在女性身上被认为是"可耻的"或"不正常的"东西，放到男性身上却被认为是可以接受的——甚至是很酷的。同样的行为（比如有多个伴侣）放到男孩和女孩的身上：男孩会是"情场高手"，而女孩则是不值钱的荡妇。

放过姑娘们吧！

男人们很喜欢利用这种不平等的状况让他们的前女友，甚至是拒绝了他们的女孩"美名远扬"。如果你曾经这样做过，或者在他人的挑唆下这样做过，那么你要明白，这是一种非常令人不齿的行为，这么做不仅会给当事人带来很大的伤害，而且也会让你自己的名声不好。

更令人惊讶的是，女孩之间有时也会用这种可悲的方式互相诋毁。有多少人为了贬低另一个女孩，而大肆吐槽这个女孩的真实或编造的经历，就好像这是让对方名声扫地的终极证据一样。姑娘们，永远不要为了某个人而相互竞争，尤其是不要以这种方式！每当一名女性接受这个游戏时，她就会让自己承受的性别歧视压力再重一分。

说的不等于做的

"荡妇羞辱"不仅是最愚蠢和最卑鄙的伤人手段，而且还是所谓的"强奸文化"的一部分。这种肮脏的文化认为，任何被侵害或被强奸的女性都是"自找的"。更糟糕的是，这种文化可能导致针对那些"据说喜欢这样"的女孩的性暴力。

另见：强奸

体液 (Fluides)

体液是所有流动的东西——在这个语境下，就是流入和流出你身体的东西。这听起来可能有些令人不适，但这是非常自然的事情。你的身体里充满了体液，而且这些东西相当实用。

别慌，这是自然现象

这些体液或分泌物数量很多：鼻涕、精液、爱液、血液、汗液、耳垢、唾液、尿液、呕吐物、分泌物、月经、泪液，甚至母乳。其中一些可能会让你觉得恶心，但它们不仅是自然的，而且很重要：例如，在内裤上留下白色痕迹的分泌物对于清洁阴道是必不可少的。它们甚至可以表明阴道是干净的，而不需要像广告所说的那样使用私处清洁产品。

看到自己的体液不必感到羞耻

你在月经期侧漏了？还把衣服弄脏了一块？你不停地流鼻涕？好吧，这肯定不会是最后一次，因为你是人，是人就会经历这些。另外，今天让你超级尴尬的事情以后说不定就成了一件好笑的趣事。你的身体是一台奇妙的机器，它需要一些油来运转，有时你会看到这些油。

不过要小心

你应该每四小时更换一次卫生巾或卫生棉条，以避免"中毒性休克综合征"。因此，即使不在经期，你也可以随身携带卫生巾或卫生棉条，以帮助别人渡过难关。

另见：难堪、青春期、月经、出汗

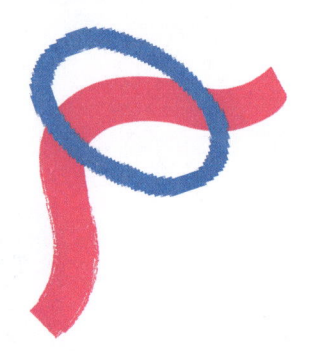
信仰 (Foi)

一般来说，信仰就是对某事或某人深信不疑。

信仰，私人事务

信仰是非常个人化的东西。你的信仰只属于你自己，这就意味着你可以私下拥有信仰，并拥有与其他人不同的信仰。因此，你没有任何义务拥护你亲近之人的信仰。你也有权告诉别人，你觉得他不断地提问冒犯到你了：你又不是自己信仰的博览会，尤其是，现在要获取信息非常容易。

反之亦然，不要评判别人的信仰，无论你赞同与否。

摆脱刻板印象

很多刻板印象会影响到有信仰的人。然而，最大的宗教拥有数以亿计的信众。因此，我们不能一概而论，因为我们不能声称了解所有人。刻板印象与现实格格不入：信仰只是一种现时状态，是一个人理解与自己、与世界的关系的方式。至于其他的，只要你作为一个人受到了尊重，就不要去评判别人选择的信仰和实践信仰的方式。

你要记住，信仰应该是给人信心、让人安心的东西，而不是引发仇恨的东西。

如果有人不理解你实践和解读自己信仰的方式，那是他们的问题。保持内心的平静和思想纯净：这不是你的责任。每个人都按照自己的意愿和良知生活，并自由选择引导自己的信念。

安琪拉，
如果你听见了……
请保佑我
明天顺利通过考试！

→ 另见：文化、宽容 ←

力量 (Force)

力量指一个人行动的能力，包括身体上的和精神上的。
力量让我们能够忍受困境并战胜生活中可能遇到的许多挑战。

不要误解软弱

人们对力量大加颂扬，但它其实并不取决于我们的意志，无论是身体上的还是心理上的。

要定义力量，就要说说软弱。显露和面对自己的情绪并不是软弱，而是一种力量——接纳自己人性的力量。承认失败也不是软弱：一个人不可能每件事都能做成功。有时，我们会缺乏力量，但不会永远这样。我们步履蹒跚的时刻是在为明天做准备，那时我们将凭借经验站稳脚跟。

不要臆断你或他人的力量

只有体验过，我们才能知道自己拥有多少力量。事实上，我们拥有的力量比我们想象的要多得多，而且往往是在我们跌入谷底的时候，积攒下来的力量就会出其不意地冒出来支撑我们。记住这些时刻，让它们成为你珍贵的记忆。当暴风雨再次到来时，你要做的就是记住你挺过的那些风暴。这一点都不神秘：回想自己取得过的胜利（有时候是战胜自己）会让人倍感欣慰。我们越是成长，就越是能获得力量，哪怕是在最艰难的时刻。

同样，也不要去臆断别人的力量。我们永远无法完全了解自己，更何况是他人？所以，不要在不了解一个人内心挣扎的情况下就断定他是软弱的，也不要高估那些在面对困难时表现出极大抵抗力的人的力量。

好钢用在刀刃上

不要回应那些嫉妒别人比自己强大的人。实际上，那些因为觉得你比他们更强大而去攻击你的人对你并不了解，而生活中你能学到的最重要的教训之一是，不要试图向你看不上的人证明些什么。

另外，除非迫不得已，否则不要反击：陷入冲突会让你变得和那些无缘无故攻击你的人一样没水平……你不如省下精力去做其他事情。

另见：冲突、失败

着装 (Fringue)

着装可以是一种隐藏、暴露、修饰或彰显自己身份的方式。
尝试找到你自己的着装风格。
你可以随心所欲地改变着装，因为我们在不断变化，尤其在你这个年龄。

一件衣服是不会挑逗人的

"具有挑逗性的"着装并不存在：侵害行为不是被挑起的，而纯粹是侵害者有意为之的。另外，一个人是否体面，从来都不是由着装暴露与否决定的。在人们看待着装的方式背后有很多性别歧视的因素：为什么女人穿着低胸装散步被认为不雅，而男人却可以毫不尴尬地在阳光下赤膊上阵？

你不必花很多钱就可以打扮自己

永远不要以"很划算"为借口买不合身的衣服，想着等你长胖、变瘦或者长大的时候就合身了。在你准备花钱买一件很喜欢但不太符合你的风格的衣服时也是一样。一件衣服，如果你本周不会穿它，那就没有必要买了。

不要不停地买衣服：每天换一身衣服是没有必要的，没有光鲜的着装你也可以闪闪发光！你可以选用配饰或者进行混搭。另外，可以让你以低得离谱的价格买到很多衣服的快时尚是毫无道德可言的：它对环境来说是一场灾难。

有一些技巧可以让你以较低的成本找到时尚的衣服：二手时尚销售活动（你可以在社交网络上了解最新动态，或者更棒的是，你可以组织一次）；和朋友以物易物；登录二手销售应用程序；去论公斤卖的二手服装店。但你要谨防一些旧货店打着"古着"的旗号高价兜售商品。依着现在的潮流趋势，你不需要太多预算就可以穿得很好。

如何知道哪些衣服要扔掉？

如果有哪身衣服一直待在你的衣柜里，那就说明你不会再穿它了。送人、交换或者卖掉。

不要被外表迷惑

不要让别人对你"以衣取人"，你也不要对别人这么做。穿着夸张的人不一定有"形象问题"；穿着简单或不赶时髦的人不一定无趣。每个人的兴趣点都不同，一个人的魅力不一定体现在着装上。

至于对大品牌的痴迷，要知道这些大牌衣服，除了一些例外情况，质量跟其他的衣服一样，因为都是在同样的工厂里用同样的纺织材料制造出来的。因此，穿大牌只是为了彰显自己的经济能力或社会地位。更为重要的是，就算你的父母有钱或者有其他的优越之处，你也永远不要在别人面前显摆。

另见：金钱、美、生态

善良 (Gentillesse)

善良，对他人心怀善意并亲切相待。
通过与他人建立无私和愉快的关系，
你能摆脱相互不信任和彼此攻击的不健康机制。
生活不是一场战争。

善良过时了吗？

你肯定听过别人说某某"太善良"，而且你明白这话的意思不是那么好。我们经常会看到书上说人要厉害点，不能动不动就心软（尤其是男孩子）；说善良就是愚蠢；说别人都是坏人。别人——不认识的人——我们会先入为主地认为如果对这个人太温柔，迟早会被算计。人应该时刻保持警惕，以免碰上麻烦。

正因为如此，人才更容易被烦躁、愤怒、怨恨甚至谎言和懦弱牵着鼻子走。虽然这很常见，但这才是真正的软弱，而不是对善意和诚实的笃信不疑。耍心机、亏待别人并不能证明你能干，而是恰恰相反。

面对冲突时也要守住本心

我举一个经常发生的情况——在家中、朋友之间、学校里，甚至是陌生人之间，有人对你言语不敬、背叛你或羞辱你。你完全有权生气并让他知道：你只是对他态度友好，而不是什么都能忍。但是，不要在烂人身上浪费太多精力。失望或伤害会留下痕迹。这已经挺不好了，为什么还要雪上加霜呢？重要的是你能放手继续前行，而不是和对方纠缠不休——在你想要报复的时候想想这一点。让你感到痛苦的人不配再出现在你的生活里。因此，直截了当地把这种人赶出自己的生活是一种成熟的选择——而这也会是最好的报复。和恶人（事实上，这种人正在遭受痛苦并将自己的痛苦投射到他人身上）打交道，每个人都是输家，所以不如断绝来往。

不必太过善良

不要善良过头，要确保你对别人的善良不会体现为对自己的不善良。你在对人友善的同时也要有自己的主见（别担心，这是你可以慢慢学会的）：不要强迫自己接受不想接受的东西，不要原谅那些仍然在伤害你的人，特别是当对方的道歉缺乏诚意时。不要为了想对那些不会那么体谅你的人展现过多的善良而牺牲自己的需求或渴望。一味讨好他人毫无意义，你不可能讨好全世界的人。

恶人是有的

一个简单的事实是,所有的恶人都有作恶的理由,但他们的本质可能是好的,只不过被掩埋在深层的愤怒之下。但还有一个更复杂的事实,那就是有些人(幸好很少)是真的邪恶。就算这些人的恶行可以用他们过去的经历来解释,但这也不能成为作恶的借口。即使这些人正在经历痛苦,你也绝对没有义务留在邪恶之人的身边。虽然他们很可怜,但这不是你该担的责任。没有你,这个人也不会变得更糟,更重要的是,你的支持不会让他变得善良。所以,即使是为了帮他,你也不应该强迫自己。

你还要记住,每个人都拥有不同的准则和价值观,某个人的态度可能会让你反感,但其他人却不为所动。谁是好人,谁不是,这不是由我们来决定的(即使有那么两三个标准),因为这都是主观的判断。另外,你必须保护好自己,避免因他人的行为受到伤害。

展现你的善良

我在前面说过,如今这个世界,有时候你在行善的时候很难感到自己的价值,本来不应该是这样的。所以,请自豪地展现你的善良。知道自己有足够的优点,不需要通过向别人灌输恐惧来引起他们的注意,这是非常美好的:善良是自信和尊严的表现,能让人安心。

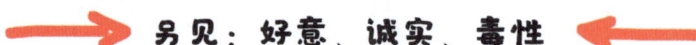

另见:好意、诚实、毒性

街头骚扰 (Harcèlement de rue)

街头骚扰，是男性在公共场所的暴力施压，包括攻击或微攻击，对象以女性居多。

补充说明

无论穿着裙子、运动服、晚礼服还是滑雪服：所有女性在公共场合都有可能遭到骚扰，甚至一天多达几次。这种骚扰不一定是身体暴力（性暴力或其他）：骚扰的形式还可以是吹口哨、侮辱或蔑视的言语、尾随或威胁。骚扰在法律上的特点是重复性：即使在一天中尾随你的不是同一个人，只要有人在一定时间内多次拦下你或尾随你，就构成骚扰。

骚扰绝不是撩拨

这一点对有些人来说是难以接受的，因为他们非常担心自己不能在街上搭讪了（说真的，你认识的夫妻有几对是因为在街上搭讪而最终在一起的？），但实际上，难以接受的是那些必须忍受这种骚扰的人所在的处境，他们时时刻刻都要注意自己走过的街道，并在安全抵达时给亲近的人报平安。

女性不需要在街上获得认可，街头永远不是一个用来撩拨的空间。街头骚扰不是搭讪，而是支配，其潜在的目的是表明谁拥有那块公共空间——谁无权在那里停留。因为，如果街头骚扰不存在，那为什么所有的女孩从小就被教育得害怕晚上出门，一旦有人跟在后面就会担心自己的安全呢？

为骚扰行为的受害者辩护

我们要尽量帮助街头骚扰的受害者,以下是一些建议:

- 假装你认识受害者。
- 试着找出在那个地点具有权威并有可能进行干预的人。
- 如果你不想直接干预,那就录像或拍照(你也不应该让自己陷入险境)。
- 如果你觉得自己有能力,向骚扰者明确指出这是骚扰,要求他停手。
- 如果骚扰现场发生转移,你就从远处跟着。
- 如果骚扰者被赶走了,那就和受害者待在一起,比如陪对方走一段,好让她安心。

这绝不是你的错!

不要因为害怕去某些你知道特别容易受到骚扰的地方而羞耻。不管旁人说什么,你都不要觉得这是因为你的衣着、状态或仅仅是因为你这个人,这些都不是。应该自责的是那些对形成这种社会氛围负有责任的人,大多数情况下是男性。

此外,你还可以大大方方地向他人求助。如果你不能立即做出反应,也没关系,这并不代表你软弱。我们的直觉能够很好地引导我们。我们能感觉到什么时候最好不要做出反应,就像我们能感觉到什么时候应该跑或改变路线。女性从小就被教育(有时是以早期经历为代价)街头和公共空间是充满敌意的地方,不宜久留。我们被教育要避免去某些地方或穿某些衣服,要让亲近的人了解我们的行踪,或者在傍晚就要预计回去的时间。因此,街头骚扰在我们的文化中已经根深蒂固。

这个问题关系到每一个人，而不仅仅是受害者（在法国，100%的女性都曾在街上被骚扰过）！这种情况是不正常的，必须与之抗争，直到我们不再需要做出妥协、走在街上或回家的时候不会再惴惴不安。

紧急防御技术

- 以显眼的方式把钥匙攥在手指间。
- 假装打电话，或者根据时间真的打电话：这样更安全。
- 换乘地铁或者离公交车司机近一点。
- 进到任何一家商店里。
- 改变路线。
- 在衣服口袋里拨打报警电话。
- 随身携带一个哨子。
- 大声喊叫，能多大声就多大声！

另见：网络欺凌、搭讪、女性主义、暴力

柠檬精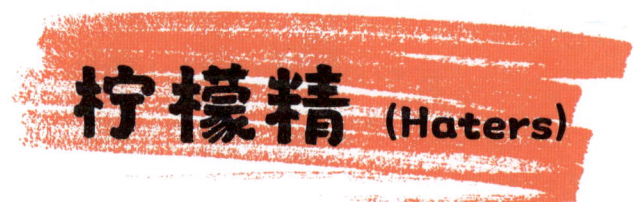

柠檬精总喜欢用尖酸、刻薄的话来嘲讽别人。
他们在浪费自己的时间……也可能浪费你的时间。

柠檬精，这些可怜虫

当一个人不停攻击那些平静度日的人时，他羞辱的永远是他自己，以恶毒的方式行事常常是一种简单的解决办法：培养善意需要付出努力，但从长远来看，它更能让人心平气和。

所以，保持头脑清醒：无端批评别人的人关注的总是自己。这是一种蓄意的暴力形式，不是关于你，而是关于他们自己。

为什么柠檬精这么多？

- 为了不无聊：这是一种适得其反又耗时的行为（想想那些在社交网络上关注他们讨厌的人的人）。
- 为了建立联系：一起批评某个对象会拉近批评者之间的距离，特别是在没有其他事情可说的时候。
- 为了避免思考人生：毁掉别人比反省自己要容易得多。
- 因为嫉妒。
- 为了获得些许关注，是的。他们的生活肯定没什么意思，但这并不意味着他们可以祸害别人。

那些伤害你的柠檬精（而这很常见）

你会感到痛苦，这就是柠檬精的目的。即使你不认识他们，你也知道这是在浪费时间，接受这种负能量从来不是一件好事。你心里总会想这是不是自找的，有时甚至会自责。实际上，除了对事物的看法与这个人不同外，你什么也没做。这不会是最后一次，而且你不能花一辈子时间为自己是谁或自己的所作所为向那些对此感到不满的人道歉，因为这触发了他们的不安全感。所以，你只需学会与其共处，就像你学会容忍所有让人不舒服的东西一样。

柠檬精的"酸气"

柠檬精，可能你身边就有。当你感受到他们的不良情绪时，不要在他们身边浪费时间。如果你不得不和他们接触，那就尽量保持距离，少透露自己的事情，以确保不给他们任何可乘之机。保持平和的心境——你没有时间去应对这些无聊之人挑起的冲突。

别忘了，大多数时候，他们批评的不是你，而是你在他们眼中所代表的东西——要么是他们没有但想要拥有的（可能是你的某个优点、某段关系，甚至是某些你敢于去做的事情），要么是他们无法理解的（比如，你的身份或选择）。无论如何，这种仇恨属于那个人，而不是你，尽管承受这种仇恨很难受，而且不公平。

不要滋养仇恨！

不要和别人卷入对你没有任何益处的长期争执中。只有少数冲突可能对你有用，就是那些由误解或错误引起的冲突，而且仅限于你与朋友之间。如果一个人发自内心地讨厌你，你直截了当的回击是不会让这个人喜欢你的，而试图安抚也往往只是徒劳。柠檬精想要的不是你的温情，而是你的关注。你投进机器里的游戏币越多，游戏持续的时间就越长。尽可能和这种人拉开距离，反思他们的行为，好让自己不再受影响。你重视这个人吗？不。你重视他的意见吗？不。那就打起精神来！总会有不懂得欣赏你的人。这很遗憾，但事实就是如此。即使你是世界上最棒的人，你也没法强迫别人喜欢你或像你那样去思考，你也不会为了让柠檬精不再生出不安全感而去改变自己。

不要成为柠檬精!

不要变成柠檬精。如果你打算批评那些你对他们没有恶意或甚至你不认识的人,问问自己,这样做对你有什么好处。即使是为了秀出你卓越的口才,你这样做也只是让对方变得重要和引人注目,同时让你自己看起来很差劲——而且会让你周围的人觉得,你会在背地里对他们做出同样的事情!

同样,不要强迫自己在社交网络上关注那些你不喜欢的人。你这么做图什么呢?每天看他们的动态,当他们的观众,为不认识的人生气吗?或者让自己相信某某并没有那么漂亮、某某是个傻瓜?人们过着自己的生活,他们的生活动态不是为你发布的,所以放下手机,不要每天怀着羡慕、嫉妒和恨意,保持良好的心态,走自己的路!

➡️ 另见:冲突、批评、网络欺凌、网红、社交网络 ⬅️

诚实 (Honnêteté)

每个人对诚实的定义都不同——对一些人来说，它甚至非常模糊……记住，诚实是选择（是的，这需要信念和坚韧）真诚和正直的人所拥有的品质。

不要撒谎

永远不要撒谎。这个建议与你可能觉得过时的价值观无关，它是一种让生活变得简单的方法。如果你撒谎，不仅很有可能被揭穿，而且一想到被揭穿你就会恐慌。尤其是，一旦真相大白——这种情况经常发生——你就会有大麻烦。心中不慌，真的会比较愉快。

你做了傻事？坦白交代。一开始会很困难，但只要你开了头，后面顺其自然就好了。这能减轻你的心理负担（会随着时间的推移越来越重），而且你会更快地得到原谅。

在极少数的情况下，撒谎或略去不说自有其道理：当真相会伤害到对方且知道真相完全没有意义时，或者真相可能会让你陷入危险时。

控制你的行为

诚实不仅仅是不撒谎，也要拒绝卑鄙和懦弱。做到言行一致。即使与人发生冲突，也不要为了报复或私利而自降身份去做你所不齿的事情。当你准备做一些让你感觉不舒服的事情时，先缓几天，好好想想，不要冲动。比如，你可以通过在纸上写、大声对自己说或录音的方法来审视自己想要做的事。

通常，大脑在经过了充分的思考后，你就会得到关于自己行为的答案。如果你正在做或要去做的事情让你感到不舒服，那就不要做了！我们总是容易被他人或自己的情绪牵着鼻子走。

遇到不诚实的人，要相信自己的感觉

心有疑虑的时候要保持警惕。我们的直觉通常很准，一般来说，一个有过欺骗或背叛行为的人很可能会再犯——不一定是因为你的宽容，而是因为这就是他的行事方式。如果你真的关心这个人并相信他只是一时糊涂，那么这个人犯一次错误显然不该成为他从你的生活中被永远剔除的理由。但是，如果犯了两次，那你就该认真考虑了：对你喜欢的人放手是非常难的，但如果这段关系让你感到不安和伤心，那你最好结束这段关系。

当觉得有人对你撒谎（我们的直觉往往很准，特别是对我们亲近的人，因为我们了解他们的行为方式）或不真诚时，你要清楚地问问这个人。当然，要用恰当的方式去问，也要注意选择意思最明白的措辞。有些真相并不令人愉快，随后你们可能会就为什么撒谎展开艰难的沟通，但你首先需要知道真相是什么。

在任何情况下都要做个好人

说到底，诚实就是要以好的方式行事，如果每个人都这样做，事情就会变得简单。这是一种修炼自身的努力，但从纯粹自私的角度来看，知道自己没有造成伤害，不会有负面的东西落到自己头上，会让人更安心。

所以，哪怕只是为了防患于未然，也不要撒谎要诚实！你没有任何理由让别人蹬鼻子上脸，但不要想着报复，特别是如果你还不清楚别人对你做了什么，而只是猜测时。

并非每个人都不诚实！即使你可以举出大量的例子证明有些人确实不诚实，你也要能够去相信别人，相信他们的为人和真诚待人的能力。没有必要因为胡乱猜想而做出糟糕的举动。背叛和失望很伤人，但打击最终会过去，我保证，并非每个人都这样。

另见：友情、善良

羞耻 (Honte)

羞耻是一种非常不愉快的羞辱感,
我们在做了或经历了让我们感到不舒服的事情之后会有这种感觉。
在这里,我说的"小羞耻"是指日常生活中的尴尬时刻。

你不是世界的中心

通常,在感到羞耻时,我们心里会想:每个人都在盯着我,刚才发生的事情会成为一天的"高光时刻"。但是,大家都在走自己的路,没有人关注你的一举一动。深吸一口气。也许大家都看到了发生的事情,但也有可能大家根本不在乎。

哪壶不开提哪壶

这听起来很难做到,但一经试过你就会依赖这种方法了。有点像当众摔倒(我摔过两三次),从地上站起来,尽管很丢人,但你可以轻轻一笑化解尴尬。在这种情况下,如果大家都看到了发生的事情,那你就把重点放在事件本身和这种事可能发生在任何人身上的事实上。这样,你会把随后打趣的坦率时刻定格在其他人的脑海中——这可以让他们完全忘记那个让你倍感沉重的时刻,或者至少让那一刻不再那么尴尬。

可以讲给别人听的故事

还有什么比讲自己最羞耻的经历更有趣的事情吗?当然,在那一刻,你宁愿找个地洞钻进去,但在事后,当一切都结束时,你回头想想还是挺有意思的。好了,是谁会在以后的好多年里笑着讲述自己的尴尬事呢?

➡️ 另见:情绪 ⬅️

乱伦是一种特殊的性暴力：
指的是一个人被某个家庭成员侵犯或强奸，无论是一次还是多次。

这不是你的错

在这些很少被公开谈论的情况中，受害者往往会有负罪感，想知道自己是怎么造成这种情况的。由于所谓的"强奸文化"，身边的人也会让被强奸或被攻击的人觉得这是他自找的或是他造成的。如果这种情况发生在你身上，你要清楚一件事：你绝对没有错！那个人无权这么做。即使你认为自己缺乏力量，即使你爱那个人，即使你没能说什么或阻止什么，你对发生的事情和没能说出来都不负有任何责任。

定义

强奸文化是指一系列在社会中根深蒂固的性别歧视的观念和行为，这些观念和行为为性暴力辩护：强奸没有其他的犯罪那么严重，受害人在某种程度上应该承担责任。

家庭并不总是安全的避风港

当一个社群内发生侵害事件时，这会在那些知情、可能知情、应该知情或者只是面对了他人遭受的暴力和痛苦的人中间引发混乱。因此，由于家庭在我们社会中的神圣性，乱伦是一个非常敏感的话题。因为在我们的集体想象（也就是社会看待事物的方式）中，家庭是一个具有保护作用的茧，只可能希望我们好。

敢于谴责乱伦这一侵害行为就是在挑战禁忌，因为这可能打破家庭这个神圣的茧。这就是为什么这种事情的责任往往会很不幸地落在说出来的人身上，而不是做出来的人身上。因为，对某些人来说，家庭的荣誉和声望远比家庭成员的幸福重要。但是，罪魁祸首永远都是实施性暴力的人，而不是打破沉默的人，更不是受害者。

总会有人支持你

显然，当乱伦被揭露时，你的亲人可能会受到伤害；这些亲人会自责，或者更糟，会站在罪魁祸首的那一边，对他们来说，这一切就是一场需要时间才能面对的"地震"。

这种事情说出来需要很大的勇气——但说出来就是对其他可能有过同样经历的家庭成员的支持。如果你遇到了这种情况，要知道，无论你的家人如何反应，都一定会有人选择支持你。

➡ 另见：家庭、强奸 ⬅

网红 (Influenceurs et influenceuses)

啊，网红，他们有数以千万计的粉丝，他们的生活看起来总是那么完美……但你可要小心区分社交网络和现实生活啊！

虚假的世界

不要觉得网红向你展示的一切都是真的！你要明白，他们发布的每一张照片都是拍过几百次的，然后经过精心修图，再在适当的时间发布——是的，包括那些号称是在早上醒来时拍摄的照片或视频。这些账号给人的印象是，账号主人的生活是无比美好的，由令人难以置信的聚会和天堂般的旅行组成，充满了爱情、金钱和人气：幸福。而真相呢？这些人的日常生活也是由平平无奇的事物组成的——只不过，不带滤镜、不经美化就展示给你看是没有卖点的。

鉴于每个人都有这种令人担忧的倾向，所以你要牢牢记住：不要和别人比相貌、比智力、比生活。

慎重选择你关注的账号！

只要牢牢记住，别人向你展示的一切并非都美如诗画，去关注你想关注的账号吧。但要确保这是对你有益的！看看你关注的账号，问问自己从中得到了什么，如果账号的内容只会让你嫉妒和沮丧，或整天只会给你推送购物信息，那就取关。我还建议你通过勾选感兴趣的领域来训练算法。很快，你就只会看到积极的推送内容了。

另见：名气、柠檬精、社交网络、真人秀

嫉妒 (Jalousie)

嫉妒是一种具有破坏性的情绪，会让人在面对他人真实（或假定）的优点或拥有的东西时感到自卑。将嫉妒视为一种威胁，就会导致敌对态度。

别人的嫉妒不是你的责任

远离那些动不动就嫉妒、让你不敢在他们面前谈论你的成功和喜悦的人：在健康的关系中你是不会想要贬低自己的。如果你别无选择，只能和他们打交道，那就不要过多谈论你自己的事情，不管是积极的（会让他们生气）还是消极的（会让他们开心，以至于可能把你推向错误的方向）。许多恶意行为都是嫉妒的直接后果。虽然有些攻击可能让人感到特别痛苦，但要记住，它们只是指出了你的优点，正是这些优点让你成为这么棒的一个人。

不要妒火中烧

还要当心不要让自己陷入这个残酷的游戏！如果你意识到自己在批评一个没有对你造成过任何伤害的人，那就想想你为什么要这样做、这样做有什么好处——答案很可能是"没有任何好处"，所以，停止这种行为，不要摆出恶劣的姿态，不要伤害别人。

重要的是，你必须设法控制住这种极具破坏性的感觉，为此，当你嫉妒某人时（是的，是人就会嫉妒），试着分析你脑子里发生了什么，为什么你嫉妒的人会让你没有安全感。也许你认为他们不配拥有他们拥有的一切？事实上，生活就是这样，每个人拥有的运气和机会都不一样。属于你的机会总会到来，即使你觉得难以相信。你要记住，人所展示的往往比他所隐藏的要好得多：没有哪种生活是完全幸福的。还有一种可能：也许你嫉妒是因为你在这个人面前感到自卑。与其闷闷不乐，不如想想你自己有什么可以改善的地方：总有可以改善之处。采取具体的方法来改善自身并发扬自己的长处……即使这些长处可能招来嫉妒。

爱情中的嫉妒

想要一个人只属于自己，很诱人，不是吗？你希望他的眼睛永远不会看向别人、心思永远不会飘向别处。但人类不是这样的生物。两个人虽然决定完全忠诚于对方，但没有什么能阻止吸引力。所以，你要接受所爱之人可能被别人吸引的风险（有时这种情况永远都不会发生！），而这并不会影响你们的关系，因为你们之间有爱和信任。你也可能时刻不敢懈怠地加以防范，结果毁掉了自己的生活。记住，即使你的另一半和别人说话也绝不意味他被对方吸引了，他爱的还是你。

嫉妒只属于嫉妒之人：嫉妒绝不是爱的证明，它只是一味让所有人受伤的毒药——甚至会让人做错事，因为嫉妒的人会想要隐瞒一切。如果你有这种感觉，那就跟人聊聊。沟通，让自己安心，并在必要时寻求帮助，以免让嫉妒亵渎了你极为重视的关系。另外，不要和一个嘴上说爱你，但所做的一切都让你觉得自己在和别人竞争的人在一起：无论是有意的还是无意的，这是一种洗脑术，目的是让你付出得越来越多，包括你不想付出的东西。一个爱你的人会无条件爱你，不与他人比较。

另见：爱情、伴侣关系、毒性

公正 (Justice)

justice一词有几个含义，这些含义都相互关联。第一个含义是"公正、公平"，也就是尊重他人的权利和完整性，或者让一个人得到他应得的东西。第二个含义是"司法"，其职责是执行法律。

公正地行事

公正，意味着在日常生活中以不妨害他人的方式行事。有一点很重要：无论他人会对我们有什么感觉——喜欢或反感——我们都应该以同样的方式行事。是的，公正就是承认别人的优点，即使是我们不喜欢的人。公正就是平等对待每一个人。

忍受不公

在你面对不公且可以做些什么的时候，就去做吧：说你不赞成这样的做法，支持受害者，要求事情要以不同的方式解决。即使对你来说什么都不说或什么都不做更容易，但养成谴责不公的习惯很重要，因为忍受不公就是在纵容不公。

另一方面，有时候，你什么都做不了，这让人很灰心。面对令人愤怒的不公却无力与之抗争会让人心中五味杂陈。这会让你有一种无力感。

司法是用来保护我们的

司法也是一项公共服务，其目的是通过确保法律得到尊重来保障公民的权利。因此，被认定有罪的人会受到审判和惩罚：罚款、剥夺自由等。司法判决由法官做出，不同性质的案件会在不同的法庭审理。

三种类型的罪行

- 违规行为。这是一些不文明的行为，或我们所说的"轻微"罪行，如轻微暴力、未按规定停车等。
- 不法行为。这是一些我们所说的"一般"罪行，如小额盗窃、就业歧视等。
- 犯罪。这是一些最为严重的罪行，如谋杀或强奸。

司法对公民的犯罪行为进行预防、制止和惩治，这就与复仇相对立，复仇什么都弥补不了，而且还会伤害到遭受复仇的人和实施复仇的人。

博采众长

就像对其他所有的事情一样，我们仍然需要对司法系统保持批评的态度，因为它并不完美。世界各地有许多不同的司法实践方式，研究其他国家的司法系统对客观审视我们自己的司法实践很有益处。

另见：愤怒、法律

法律 (Loi)

法律规定了特定地理区域内的规则、权利和义务。
它通过界定什么是允许的、什么是不允许的来管理社会生活。

一种社会契约

没有法律，我们就会处于一种"无政府状态"，在这种情况下，我们就只能依靠人们的常识和诚信来维持公正。因此，法律可以规范我们的人际关系，并确定社会的运作方式。

遵纪守法！

并非所有不守法的行为都会被抓到，但你必须明白，法律不仅仅是为了让社会能够正常运转，也是为了保护你：比如道路交通法规！不守法的人会因罪行的轻重受到不同程度的制裁。其罪行会被记入"犯罪记录"中，"犯罪记录"中会列出一个人所有的刑事定罪。

➡ 另见：公正 ⬅

高中 (Lycée)

高中时期是你青春期的顶峰，
一段既紧张又激动人心的岁月。
上高中是向未知领域迈出的一大步，但你会看到，一切都会顺利的。

你能做到的！

高中的校园比初中大，或许离家也更远。你会发现新的规则：这是大孩子的地盘。而且，甚至还有成年人，特别是在留级生中。虽然没人表现出来，但每个人都有些困惑。深呼吸，你的新生活开始了。

高中的课程比初中的难，你要记笔记、保证出勤、真正地参与课堂。但感觉自己变得有点像大人了也挺好的，不是吗？最重要的是，高中结束时要参加高考。你已经通过了中考，但高考是通往高等教育的必经之路。高中的压力很大，对你父母来说也是：告诉他们你会去做对你来说最好的事情，即使他们不理解，但他们应该相信你！如果他们有兴趣，你可以提议每周向他们报告你的课程进度。简而言之，高中是一个真正的转折，但如果你善加安排的话就不会有问题。

慎重选科。如果你对文科的兴趣大于理科，那就去选吧。不存在愚蠢的选科，也不存在更好的选科。科目排名已经过时了：只要看看高等教育的统计数据，尤其是职业教育融入的统计数据，就会发现你在任何情况下都可以取得成功。尝试你感兴趣的科目，不要因为高考给自己施加压力，至少在高一的时候不要。

优化你的学习时间

优化你的学习时间，尽量牢记你所学的东西：当你成年后，如果在自己的领域没有基础知识时，你会觉得自己很愚蠢。每天晚上复习功课。这很难，但坚持两三个星期以后你就会适应了，而且你会省下很多功夫。我不希望你的周末都花在复习整个章节上！

复习完功课之后，在纸上写下要点，然后试着在每个标题下面写个小摘要。如果你有不喜欢的科目（这很正常！），那就能做多少做多少，给自己设定小的挑战，有时候感觉就这么来了。

想要以一种很酷的方式学习和放松，那就好好利用一下学校的图书馆！我们很少会谈论阅读带来的放松。阅读除了能让你增长知识和提高写作技巧外，还可以让你远离手机的诱惑。好处就是，你读得越多，写得就越好，而且不会觉得自己是刻意在练习！

这个新世界：你的世界

一开始，你可能会觉得周围的人都没什么意思，特别是如果他们都相互认识的话……这让人不太愉快。但是，一个星期或者一个月以后，你肯定会认识一些很棒的、恨不得每天都跟他们形影不离的人！

另外，教室并不是唯一可以认识朋友的地方：学校俱乐部、体育活动、操场、户外空间等，都是你交朋友和展示自己的绝佳场所！

如果你想融入但还谁都不认识，请不要试图在一夜之间改变自己的风格或态度，虽然你会很想这么做。刻意为之是看得出来的，这样你就无法与他人建立真正的联结。另外，你要关注别人：你不认识的人会带给你很多探索新世界的机会。提出问题，并真诚地关注答案。

发现自我，发现他人！

尽情享受大型活动，比如年终庆典或学校旅行。这些都是你会铭记一生的珍贵时刻，也是你真正发现自我的时刻。

还有一点你要知道：不要强迫自己和以前的熟人保持朋友关系，即使你们一起上了高中，形影不离，并发誓一辈子不离不弃。在你这个年龄，人的变化是很快的，如果你不再认同他们的行为或想法，你有权将他们从你的生活中剔除。你不必因为和一个人相识已久就要把这个人留在朋友圈里！

做个友善的人

不要任人欺负。通常，那些欺软怕硬的人都会觉得自己没什么魅力。他们害怕没人理，而且喜欢胡来，不要跟他们同流合污：首先，这种行径很恶劣；其次，这会让你看起来像个糟糕的人；最后，你会受到处罚。

不要散布别人的八卦，即使你觉得这样做可以更快地融入：在被当事人知道后，你就会自食其果，而且这么做还会让你和一些不入流的人混在一起。比起刻薄待人，还有很多好的事情可以和别人一起做，不是吗？

有些蠢事不能做

尊重你的老师：你在脑子里怎么想都可以，但不要表现出来，要礼貌地称呼他们。只有极少数的老师会不尊重你，因为有些成年人会感到厌烦并将情绪发泄到学生的身上。在碰到这种情况时，你要向其他学生靠拢，看看能让学生代表做点什么，特别是在跟学校管理层沟通的环节上。在任何情况下都不要为了求得一时的公正而挺身独自对抗老师。

不要为了引人注意和拥有很酷的名声而去做傻事。比如吸烟，你以为这样很有范儿，事实上，不碰香烟才是真正的有范儿。如果可以的话，去养成另一个习惯吧，一个让你拥有自己风格的习惯。

还要避免纪律处分：是的，伪造签名看起来是个可以摆脱困境的法子，但如果你被抓包，那可就不是什么妙招了。老师比你想象的更有洞察力。

不要在课堂上聊天。课间你想怎么聊就怎么聊，但在课堂上聊天会给人留下糟糕的印象。上课会是一件很有意思的事情，只要你给这些课一次让你感兴趣的机会。作业也是，要好好做，不要在车里、走廊里或操场上做——除非你别无选择。我向你保证，趴在栏杆上写字看起来真的很蠢。

你改变了……多美妙的冒险啊！

人是可以改变的，所以不要犹豫，给那些平时和你相处不太好的老师道歉。如果你真的喜欢哪个老师，你可以一直和这个老师保持联系，并向他求教。另外，你也可以跟他谈谈你的烦恼，不管是学习上的还是其他方面的。

都说高中是人生中最美好的时光，其实不一定。所以，不要给自己太多压力。如果遇到难题，你要相信风雨过后会有彩虹。你一生都在成长，你的黄金岁月，总有一天会到来！

另见：酒精、友情、作业、成年

成年 (Majorité)

成年，是指你达到了被视为成年人的年龄——18岁，成年会赋予你新的权利——但也有新的责任！

你终于成年了！

现在你18岁了，你可以考驾驶证，自己开车了，你还可以在任何地方工作、拥有财产、自己旅行……好多新的权利啊！这可能会让你头晕目眩。但不要担心，年满18岁并不意味着你在一夜之间就变成大人了，就要肩负起重任。当然，你要承担新的义务，但你永远都会是你爸妈的孩子……而且18岁并没有那么大。

了解你的新权利和……新义务！

18岁的你显然拥有很多的可能性，但有些事情也会改变。在刑事上，你一旦触犯法律会面临更严重的后果！你有权离开父母，如果你跟父母关系不好的话，这对你来说会是一种巨大的解脱，但你将不得不自己照顾自己的日常生活，这可不容易。最后，即使你的一些新义务不是强制性的，但你承担这些义务很重要：作为国家的一名公民，你现在已经到了可以参与国家政治生活的年龄，如选举权、投票权。这些决定与你有关！

记住这一刻！

18岁是人生的重要节点，你跨入大人的行列了！好好想想怎么让这个向成年的过渡成为让你终生难忘的一刻：开个大型派对，来一场旅行，或者实现一个梦想——比如跳伞。不过，就算你现在不能随心所欲地庆祝，幸运的是，以后总有机会弥补。

18岁不是自我的终结

18岁，并不意味着你在一夜之间就成为一个成熟的大人。有时候，我们想象自己18岁、25岁或30岁的样子，突然之间就长大了，并且完美地扮演着某个角色，就好像在吹灭生日蜡烛时得到一个装满"功能"和"成熟"的大礼包。事实并非如此！你在成长的过程中会意识到——这其实很有趣——你从来没有完全成年，有时会突然觉得自己在假装成年……而且每个人都是这样。不过，这是个好兆头，不是吗？

➡️ 另见：酒精、友情、爱情 ⬅️

化妆 (Maquillage)

化妆，是指用化妆品修饰容貌。
每个人都可以化妆！

随心所欲装扮自己

化妆品最初的用途是掩盖脸上你不喜欢的部分，突出你喜欢的部分。因此，你应该经常听说"妆容一定要自然"，就像一整天里给皮肤覆盖了一层薄薄的滤镜。实际上，化妆远不止于此。无论你是谁，你都可以随心所欲地化妆，虽然这不是让你感觉良好的必需之法，但它是一个改善你容貌的好法子！

有的人喜欢裸妆，涂点口红、画个眉毛就可以了——这会让不懂化妆的人认为没有化妆；还有的人喜欢画艳丽的妆容。尽情地打扮自己，尽情地去尝试——你无须在意那些建议，比如让你必须在眼妆和唇妆之间做选择：你想怎样就怎样。只要记住，对待新事物，有些人不会欣赏，只会评判，你对他们不能抱有太多期望。如果去参加面试，或是第一次去男/女朋友家里吃饭，化个淡妆！

"不化妆"

不化妆不是不修边幅！无论皮肤如何，你都可以选择保持自然的状态，这没问题——而且更省时、省钱。只是不要在那些必须化妆才能自我感觉良好的人面前洋洋自得。事实上，如果你的皮肤没有瑕疵，在因为青春痘而感到难堪的朋友面前炫耀可不是什么光彩的事！

另外，你有权用化妆品掩盖让你感到难堪的皮肤，但我建议你尽可能地让皮肤多"呼吸"。比如尽量不要在周末化妆，以免陷入恶性循环：化妆让你长痘，长痘你就更要化妆。

技巧与方法

有些部位的妆容，技术含量较高，比如眼线，随便一套上妆、卸妆、再上妆的流程就会让你花去30分钟的时间。所以，你可以到网上看看，上面有很多教程，或者让会化妆的朋友教你。

别忘了随身携带一些化妆用品：以备不时之需……你可能会在洗手间补妆的时候认识赏心悦目的人！

另见：美、皮肤

媒体 (Médias)

媒体，是所有我们用来交流和发布信息的渠道。
比如印刷媒体、广播和电视，
这些媒体让我们直接接触到我们需要了解的有关这个世界现状的信息。

媒体的重要性

媒体有很大的影响力：它们选择是否传递信息以及以何种方式呈现信息，这都在社会中产生影响。有时，媒体会为了跟风（甚至"造势"）而维持着各种争议性话题。因为，是的，媒体必须制造卖点才能生存，也就是说报纸要有人买、电视节目要有人看、网络媒体要有流量。因此，某些能够点爆人们情绪的话题会得到青睐，即使这意味对某件事进行虚假的描述……别慌，真相总会到来。

有你自己的看法！

你可以选择的媒体有很多，你总能找到符合你兴趣和信念的东西。话虽如此，我也推荐你去看一些你不赞成的东西，因为了解对同一时事的几种不同观点是很有意义的。

此外，看到你不理解的东西时，你可以和父母讨论，甚至在课堂上发起讨论：就我们看到或听到的东西展开讨论不仅有助于消化它们，而且有助于更好地理解它们。讨论还能防止你轻率地做出判断，因为你了解得越多，你的批判性思维就越敏锐，你就越能以审慎的方式去思考社会生活。

网络媒体，全新的规则

随着互联网的发展，更贴近我们的新媒体彻底重塑了获取信息的方式。但是，我们是否可以将社交网络视为可靠的信息来源呢？规则肯定有变化，但你应该始终保持警惕，不要什么都信。而且要注意：你不会因为看的是手机软件而不是电视新闻就比别人更聪明。

借助互联网，你还可以选择和朋友一起或独自一人投身媒体的大冒险，通过发布文字、图片或视频，让公众了解你关注的话题。我们已经远离那个只有少数有资质的人才能接触到新闻和信息的时代，如今，你轻而易举就能让人们知道你身边发生的事情。选择你感兴趣的领域，并利用这些新机会让别人听到你的声音，你可以的！

➡️ 另见：社交网络、真人秀 ⬅️

死亡 (Mort)

我们虽然知道死亡是生命的终点,但永远无法知道生命将持续多久,
又将如何结束——而且,
我们真的想知道吗?

一个小小世界的结束

死亡凸显了生命的脆弱,是不容易接受的。你是自己生活的中心,你倾向于认为你所做的一切都非常重要。因此,想象着有一天这一切都戛然而止是一件无法接受的事情:我们所经历的一切、我们所知道的一切,都消逝而去,而我们留给他人的只是些许痕迹。

死亡,没有慈悲,没有选择

也许你经历过死亡事件,可能是父母、祖父母或朋友,你感到不公平。除了高龄人士,你很自然地会觉得这人跟其他人相比"死得不应该"。问题是,死亡是随机的,有时毫无征兆——就像你在美好的一天降生在某个家庭中一样。生命终结的原因既不属于应得的范畴,也不属于选择的范畴:死亡不是当事人选择的(即使是自杀,那也是回应太多痛苦唯一可能做出的最后姿态)。

如果说生命中再没有比死亡更加难以面对的事情,那是因为它留下了巨大的空白,也是因为它提醒我们:有一天,一切也都会结束。我们所做的一切,我们所热衷的一切,我们所见、所爱和所拥抱的一切……这个小小世界都将与我们一起逝去。因此,与其放弃,不如选择以适合自己的力度去拥抱生命,因为生命流逝的速度比你想象的要快得多。

死后的生活？

一些有宗教信仰的人，相信死亡并不是终点。他们相信死后有一些东西在等待着他们，即使肉体消失了，灵魂也会继续存在，所以并不存在真正意义上的终结。

尽管这些信念在某种程度上或许可以让人安心，但死亡仍然是一件非常痛苦的事情，感到痛苦的不是离开的人，而是那些留下来并体会到死亡带来的空虚的人。那些留下来的人，他们的生活中缺少了一些东西：某人突然不在了，带走了整个世界。我们在那人离去之后重建我们的世界，即使一切都不一样了。如果你失去了某个人，你在一段时间之后会有所好转，而且请记住，时不时想起逝去的所爱之人并不意味着你在原地踏步，只是意味着你不会忘记你所经历的一切，因为死亡是生命不可分割的一部分。

享受生活

既然谈到了死亡,那么可以趁机思考一下它能给我们什么启示。有人说,死去的那天,我们的整个人生会在眼前闪过:我们所经历的一切,我们所做的一切,我们认识的每一个人。

你想在你的传记里看到自己整天为一些不值得的事情忧心忡忡、和一些只会浪费你时间的人来往吗?你想看到自己把时间都花在刷视频,而不是花在家人和朋友身上吗?你愿意看到这些你做了后悔但还是去做了的事情吗?

或者你更喜欢看到以自己想要的方式体验过的非凡经历,因为你为生活做出了自己的选择,那些朴素的幸福时刻,甚至是那些悲伤时刻?这才是你必须思考的问题。你永远不知道生命何时会结束,所以,从现在开始,追随你的本心和渴望去生活。在不伤害他人的情况下尽情享受生活,始终忠于自己的良知。死亡和它的不可预测性应该让你明白一点:要活出丰盛的人生。

➡ 另见:幸福、哀悼、信仰 ⬅

音乐 (Musique)

几乎每个人都会听音乐，而且有趣的是，听音乐的机缘各有不同，音乐的类型也是多种多样。

音乐的力量

音乐的神奇之处在于它能在瞬间打动我们。情境对我们在音乐上的选择有很大的影响……为了提神、集中注意力或将某种感觉最大化而独自听音乐，或为了了解新生艺术家而在音乐会上与别人一起听音乐，这两者之间存在着天壤之别。有些音乐只会在特殊场合听：葬礼上的哀乐、婚礼上的欢快乐曲，还有在喜庆或非常肃穆的时刻使用的国歌。最后，音乐还可以是态度鲜明的，尤其是通过摇滚或说唱等音乐风格传递的信息……并推动事情的发展！

我们身穿不同的球衣，但我们拥有同样的热情

每一代人都在重塑音乐的编码，老一辈人总是感叹"还是以前的更好"。别听他们的：你想听什么就听什么，只要它能触动你并让你感到快乐。你听的音乐可能与朋友或祖父母听的不一样，这无关紧要！向别人推荐一首对你来说意义重大或让你回想起遥远过往的乐曲，会是一件相当令人高兴的事情。

另外，不要看不起那些音乐品味和你不一样或没你那么潮的人。也不要为了装酷去听那些你不喜欢的音乐。听自己喜欢的东西，你能体会到更多的情感！我们在生活中遇到的困难已经够多的了，所以，尽管去听让你动心的音乐。

该你出场了！

如果你对音乐满腔热情，那么你也可以做音乐。你了解得越多，就越容易上手：互联网上随处可见音乐教程，你还可以购买各种二手乐器。你无须从经典杰作入手：可以尝试重现你最喜欢的歌曲，演奏你喜欢的曲目。你所在的城市可能还有音乐培训机构，提供价格亲民的课程。放手去做吧！即使一开始看起来会很难，但这是你的休闲时光：找到能给你带来快乐的东西，永远不要虚度它。

➡ 另见：文化 ⬅

正常 (Normalité)

正常，是指符合规范、在标准之内的东西。
这个概念意味着，有一些要这样或不要这样的处世标准，
而不在这个框架内就会有点奇怪或不应该。

正常是不存在的

没有完全规划好的生活，没有完美的生活模式，因为生活是由很多选择构成的。有些人的生活轨迹会作为典范呈现在我们面前：然而，在生活的一个方面做出被认为是符合规范的选择，可能会让我们在生活的另一个方面发生偏离。没有人能够让自己生活的方方面面都符合正常的标准，因为每个人的人生故事都是独一无二的。

摆脱桎梏

你知道吗，那些在你看来生活有条不紊的人，有时会感到无聊，梦想着把一切都抛在脑后；而那些选择了不那么传统（但同样正常！）的生活的人，有时会发现自己羡慕安稳。产生疑虑是很自然的。你的内心会不会有这种感觉：自己并不是正常人，正常最多只是一种错觉，甚至是在假装正常？肯定每个人都有这种感觉……并与之共处。所以，即使会有这种感觉，我们也要抛开所谓的"正常"并继续生活，不是吗？

➡️ 另见：唯堪 ⬅️

大流行病 (Pandémie)

大流行病，是指在全球范围内传播的流行病。

神经渐渐紧绷

当意识到面对潜在的致命危险逃无可逃、相关的新闻铺天盖地、一切似乎突然停止的时候，我们肯定会感到恐慌。生活发生了天翻地覆的变化，我们憋在家里来回踱步，感觉什么也做不了。最重要的是，每个人都在寻找罪魁祸首。

我们决不能屈服于这种恐慌。我们可以屏蔽不良讯息，并中断关于这个问题的痛苦讨论。在没有意识到的情况下，不断调动注意力会让你产生一种焦虑，而在这个复杂的时刻，你显然不需要这种焦虑。

这不是世界末日

身处一种你完全无法控制的境地，在一个远离他人、一切似乎都被搁置甚至可能失去亲人的时期，是非常令人担忧的。

然而，幸运的是，即使是在困难时期，人类也能很快适应。我们会找到新的生活方式，然后有一天，重新回归正常生活。生活因而显得更加美好，因为我们度过了艰难时刻，并且知道幸福可以很简单。

你还要留意这一切是如何让你成长和改变的。生活在继续，我们经历的考验很快就会成为历史：你会回想起这一切……但只是作为远远观看的过客。

➡ **另见：危机、媒体、社交网络** ⬅

皮肤 (Peau)

皮肤可以是你健康状态和精神状态的一个指标，因此，你要细心呵护它并观察它是否变得暗沉。

细心呵护你的皮肤

了解你的皮肤类型：油性、干性、混合性、中性或敏感性。这会让你知道该如何护理自己的皮肤，以避免出现各种问题，如紧绷、刺痛、痤疮、干燥或皮脂（皮肤分泌的脂肪物质）分泌过多。如果你存在皮肤问题（它很可能会随着时间的推移而消失）并给你造成了困扰，那就去咨询皮肤科医生，他们是研究皮肤的专家。

首先，记得睡前卸妆，并在早上给面部补水，这是基础的护肤步骤。其次，一旦你对自己的皮肤有了很好的了解，你就可以通过每天使用护肤产品（洗脸皂、化妆品）来形成固定的护肤流程。

当心皮肤的敌人

吸烟会让皮肤变得暗沉无光，一如它对身体其他部分造成的糟糕影响。这难道不是一个很好的戒烟理由吗？

还要当心阳光，无论你是什么肤色，都要注意斑点的出现。如果你的皮肤比较脆弱，那就尽可能多地涂抹防晒霜，即使是在冬天。如果你是美黑爱好者，那么请记住，每个人都有一笔"阳光资金"，在这笔资金用完的时候，你再暴露在阳光下就会被晒伤，甚至更糟，会有患皮肤癌的风险。

还有，粉底不要涂得太厚，以免让你的皮肤窒息。你会忍不住想要遮盖皮肤的瑕疵，但经常用化妆品去掩盖瑕疵往往会让问题变得更严重。如果你真的离不开这些化妆品，那么一定要仔细地卸妆，并且周末在家时尽量不化妆。

真实的皮肤

没有谁的皮肤看起来像精修照片上的那样，毫无瑕疵。在现实生活中，人的皮肤有各种"瑕疵"：

- 毛孔粗大
- 丘疹
- 黑头
- 痣
- 疤痕
- 毛发
- 橘皮组织
- 胎记
- 老年斑
- 雀斑
- 泛红
- 皱纹

这一切都是OK的！

另见：化妆、身体健康

恐惧症 (Phobie)

恐惧症，就是一种强烈的、无法控制的、非理性的恐惧。
它可以让一个人彻底失能，甚至还会惊恐发作。

有恐惧症并不代表你是个怪胎

有一些恐惧症相当常见，比如对蛇、老鼠或乘坐飞机的恐惧，还有一些恐惧症不太常见，比如密集恐惧症、呕吐恐惧症。有些恐惧症是由心理上的原因造成的，而有些恐惧症则很难加以解释。你要记住的是，恐惧症其实很常见，而且不受我们意志的控制。因此，患有恐惧症没有什么好羞愧的，我们也没理由去戏弄一个患有恐惧症的人。我想借此机会给你一个提示：没有比"为了好玩"而让一个人赤裸裸地面对他所恐惧的东西更粗鲁和更愚蠢的行为了，比如朝一个害怕虫子的人扔虫子。这种做法会让人捧腹大笑，真的吗？

你可以与恐惧症共处，甚至可以治愈它们

根据恐惧症的类型，你可以尽量避免接触令你恐惧的对象，但从长远来看，你可能会因此而受到限制。例如，对于一个广场恐惧症患者来说，一直回避人群迟早会成为一种负担。幸运的是，就像所有的心理障碍一样，恐惧症也是可以治疗的。神奇的解决办法掌握在心理健康专家的手中，他们借助针对恐惧症的原因及其表征的疗法，可以帮助你摆脱这个心理障碍。

学校恐惧症

导致这样的原因有很多：焦虑、抑郁、创伤、校园欺凌……

学校恐惧症会给当事人的学习和发展带来灾难性的后果，他们会把自己封闭在家里。

你是不是一想到去学校就会特别焦虑？这有可能就是学校恐惧症。与你信任的人谈谈，好让他们能够为你提供解决办法或引导你向专业机构和专业人士求助。

如果你有同学因为学校恐惧症休学，那么在他重返课堂时帮助他融入就显得尤为重要。

另见：信心、心理健康

体毛  (Poils)

就像大多数的哺乳动物一样，人的身体也被体毛覆盖。
人们按照自己的意愿和需求学会了脱毛、剃毛、剪毛、遮盖……
为什么对这种自然的东西会有这么多的争论，
你如何看待这个问题呢？

脱毛的"暴政"

有体毛是很正常的。所有的哺乳动物身体上都覆盖着体毛，只是根据物种、性别或年龄的不同，体毛有浓有疏、有深有浅。因此，绒毛会变成更明显的体毛……并让你感到难堪，尤其是在青春期。不，你的体毛并不会比别人多：有些体毛只是变得更明显了，你可以按照自己的心意保留或去除任何部位的体毛，因为这是你的身体。

几十年来，社会普遍倾向于要求女性对自己的体毛进行脱毛处理：腋毛、腿毛、脸部毛发，甚至手臂毛发！但要注意，因为潮流总在变化。十年前流行的还是细眉呢——与现在完全相反。前一秒看起来令人反感的东西下一秒就会变成潮流。

弗里达·卡罗　　布兰妮·斯皮尔斯　　卡拉·德莱文涅
1960年　　　　2000年　　　　　2015年

脱毛、剃毛，该如何选择？

如果你选择去除体毛，有几种方法可以选择：

- 剃毛刀是最容易上手的工具（但要注意保留防护装置，否则你可能会割伤自己）。不要用别人的剃毛刀，这么做不卫生，尤其是微小的创口可能会让你染上疾病。剃毛刀的主要优点就是不痛，但剃过之后，体毛会长得飞快。

- 脱毛膏，涂抹在需要脱毛的部位并停留几分钟，然后连同体毛一起除去，与剃毛刀的优缺点一样。只需使用前在一小块皮肤上测试一下，确保不会过敏。

- 热蜡脱毛是一种比较痛苦的方法，但它能让体毛长时间不会再长。脱毛仪也能达到这种效果，先对需要脱毛的部位进行剃毛处理，然后在该部位缓缓滑过仪器进行脱毛。

- 激光脱毛几乎可以达到永久脱毛的效果。这是一种痛苦而昂贵的方法，但也很彻底。

必要的体毛

体毛并不脏,而且与不卫生或气味无关,甚至可能相反:阴毛可以保护我们的私处免受真菌感染,而剃毛或脱毛往往会刺激皮肤并使其变得脆弱。更不用说内生毛发,这些生长在皮肤下面的毛发会造成感染,有时可能需要手术……的确,腋毛会留存汗水,但这并不意味着你会比脱过毛的人出更多的汗或更难闻。不脱毛不等于不修边幅!

嫌恶女孩体毛的男人越来越少了,而那些会嫌恶的男人恰恰是你会避之不及的男人。如果你想保留体毛,而你又真的很担心其他人的反应,那就一步一步慢慢来:敢于不脱腿毛就穿裙子。如果有人对此有意见,那就把话引到他们自己浓重的体毛上:问问他们对此有何看法,然后再问他们为什么非要让你的体毛符合他们的期望。

→ 另见:难堪、青春期 ←

人气 (Popularité)

人气，字面意思是某物或某人"得到人们"的欣赏。
当然了，你对它的理解并非这样。但说到底，人气到底是什么呢？

一个没那么酷的梦想

当然，成为所有人都喜欢的人是很诱人的。有人气可以让你免受嘲笑，并给人留下一种你总是在需要的地方、和需要的人在一起的美好印象。但别忘了：你越是引人注目，就越会遭人嫉妒。说到底，你真的觉得认识所有的人，哪怕这意味着招人嫉妒、陷入麻烦并生活在害怕失去这种宝贵地位的恐惧中，是一件很酷的事情吗？

有人气也意味着符合所有被认为是酷的标准，有时会遇到不那么酷的事情……因此，在聚会上，在你做出失当的举动之前，问自己两个问题："我想这样做吗？""这样做真的是我吗？"你可能会因为莽撞和放肆给别人留下深刻印象，随后他们继续做其他的事情——而后果由你来承担。

做你自己

表明自己的品味、不屈从于他人的要求、拒绝参与八卦和群体效应，这么做可能会让你的朋友圈比"人气王"的朋友圈小得多。但是，你会幸运地拥有一群真诚的朋友，他们欣赏你，不会因为你犯的一点小错而背弃你。因为这就是人气的问题：就像时尚来来往往一样，一个有人气的人（既受拥戴又遭忌惮）混迹于各种大圈子，他就更有可能陷入人气之争……甚至被孤立。永远做最酷的人是不可能的，而且跌落神坛会让人异常痛苦——尤其是，在这个过程中，有所图的朋友就会暴露出来。人气高，往往形单影只……这真的值得吗？

给你一个建议：好好与人相处，你想和多少人相处都可以，但一定要听从内心的声音，它会告诉你谁是值得信赖的。那些你跟他们在一起时必须装模作样的朋友，绝不会在你的生活中停留太久。你还有比人气更重要、更能带给你快乐的挑战要去迎接。另外，告诉自己：无论是在新的学校、度假胜地，还是在课外活动中，你总会认识爱你……并让你感受到自己有人气的人！

捍卫自己，捍卫他人！

人气从来都不是偶然得来的：可能是因为他们的长相和社会背景，他们总在组织和参加聚会，或者他们做什么事都在别人的前面，总之，他们生活在一个你或许不了解的世界。但很多时候，他们也让人害怕，这就是问题所在：当尖锐的批评向他们袭来时，你最好不要在他们承受火力的范围之内！而且，追随者为了博得他们的好感，会毫不犹豫地做出更过火的事情，就好像这么做毫无风险、不会在某天（这一天迟早会来）反噬一样。在学校里，除了喜爱，恶意和恐惧也会带来"人气"。

随着时间的推移，事情会随着每个人的成熟而发生改变，但就目前而言，如果你被这类人攻击，不要忍气吞声，请面带微笑、善意地回应。让别人欣赏你，如果这样能让你安心的话，但不要强迫自己与那些让你厌烦的人相处。这是为了在保持真我的同时保护自己免受攻击——随着时间的推移，你肯定可以找到这种平衡。一旦你能够做到，也要阻止这些人去攻击那些更内向的人。你不知道几句简单的嘲讽会造成多大的伤害。你无须介入，只需温柔地维护他人，用称赞的话或转移注意力的方法来回击批评。总而言之，与其追逐人气，不如努力让身边的人不会因为人气这场权力游戏而吃尽苦头。

另见：友情、名气、高中

青春期 (Puberté)

青春期是一个变化的时期，也许是人的一生中最重要的时期。它是从童年到成年的过渡，不仅是身体上的，也是精神上的。

组曲的序幕

我们在12岁左右时进入青春期，青春期就像一个充满了各种情绪的大乐透（由于遗传，其结果仍然是可以预测的）。当你突然拥有让自己脱颖而出的特征时，或者相反，当你觉得自己是垫底的时，这种处境是不容易应付的。你放心，在青春期结束的时候，大家就会一团和气了。你只需要耐心等待，因为在几个月内，一切都会发生改变！

在进入青春期时，荷尔蒙——由位于我们身体各处的腺体分泌的物质——变得活跃并发出指令：体毛会长出来，生殖器会长大，乳房会长大……身上的一切都在发生变化，大脑里的一切也都在动，我们通过新的情绪和体验发现了另外一个自己，而汹涌的荷尔蒙让我们头晕目眩。这对心理是有影响的！

全新的身体

你可能不知道该如何处理这些突然就冒出来的体毛、坚挺的乳头、似乎要让你毁容的痘痘……

你的脸上突然冒痘了，肩膀上也是，还有背上……在大多数情况下，这些痘痘会随着你年龄的增长而消失。青春期是脸上长痘最多的时候。如果长痘真的让你很难受，而且早晚仔细清洗皮肤和使用合适的产品都无法解决问题，那么你可以去咨询皮肤科医生，他们会给你开出具体的治疗方案。

体毛，出现在你料想到的地方（甚至是你希望的地方，尤其是当你觉得自己的体毛出现的比别人晚时），比如腋下、面部或上身，但也出现在你意想不到的地方，比如背部、胸部、手或脚……这都很正常。当你的身体从儿童过渡到成人时，你的荷尔蒙会赋予身体更多成人的特征。例如，你的下体体毛（是的，它本来就在那里，所有的哺乳动物都是这样）会变成棕色或变得浓密，这是完全自然的。

你的声音也会变，这依然是因为荷尔蒙的影响，无论是睾丸素还是雌激素。每个人都会这样：正如你看到的，很少有成年人说话时仍然是童音。

你在内裤上会看到白色的分泌物，这是完全正常的（你的阴道会自我清洁），然后是月经，月经来潮是一个名副其实的大变化。月经每个月（有时周期更长一点，有时周期更短一点）都会来，让你的整个身体进入一个持续几十年的周期循环。

➡ 另见：体液、体毛、月经、乳房 ⬅

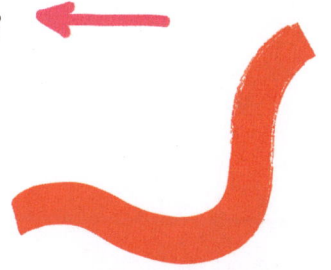

月经 (Règles)

当卵子没有与精子结合完成受精（受精卵会变成胚胎，胚胎会变成胎儿）时，子宫会将其排出体外。为容纳受精卵做好准备的黏膜就会脱落并通过阴道排出，造成持续数日不同程度的出血，每个月一次。

你生命中的一大新鲜事

伴随着青春期的月经初潮通常发生在10~16岁之间。初潮不一定是血液那样的红色（更不会是广告中那样的蓝色！）。另外，月经既不是令人厌恶也不是令人羞耻的事情。

月经丝毫不会改变你是谁：现在唯一的不同就是，你有生育能力了——你可以怀上孩子了。所以，发生性关系时要注意避孕。此外，与一种流传甚广的说法相反，月经期间的性行为是有可能导致怀孕的。

不是所有人的月经周期都一样：你的月经可能比朋友的来得更频繁、更痛、量更多或时间更长……就像青春期的其他变化一样。你可以在日历或手机上记录经期，这样就可以逐渐预测经期（以避免令人不快的意外！）。

谨慎选择经期用品

有很多办法可以解决经血溢出的问题。

卫生棉条是一种用人造纤维和棉制成的小圆柱体，使用时塞入阴道，吸满经血后捏住末端的棉线取出。根据你的月经量选择吸收力适合的棉条，以免疼痛，特别是在移除的时候！

卫生巾是一种粘附在内裤裆部用来吸收经血的外用垫子。尽管卫生巾实用且无痛，但有些人却不乐意用，因为不仅侧漏会在内裤上留下明显的痕迹，而且每次上厕所的时候你都会看到经血，而你不一定喜欢经血沾染到外阴。尽管如此，卫生巾仍然是一种对新手来说既好用又温和的经期用品！

月经杯的使用具有一定的技术性，这是一种硅胶制品，把它放入阴道内收集经血，装满后取出、清空并清洗。注意，这需要一定的技巧！月经杯不仅经济，而且更环保。

最后是安睡裤，虽然价格有点贵，但非常实用：安睡裤不仅吸收力强，而且没有侧漏的风险。它们通常都很舒适，有些品牌还有多种漂亮的款式供你选择！

无论选择哪种经期用品，记得勤更换（按照包装上的说明），这既是出于卫生的考虑，也是出于健康的考虑，因为长时间不更换会有发生严重感染的风险（中毒性休克综合征）。处理用过的卫生巾和卫生棉条的方法很简单：用卫生纸包好，扔到垃圾桶里，千万不要扔到蹲坑或马桶里。

你的卫生巾用完了？不要羞于向别人求助！月经是非常自然的生理现象。另外，无论是否处在经期，你都可以随身携带卫生巾，以防他人有需要，你甚至可以要求学校在卫生间里放上一些。

尽可能减轻痛经

减轻痛经的方法有很多：治疗头痛或肚子痛的药物、热水袋、暖手器、休息，有时甚至……运动也可以！找到适合你的方法。

如果你痛到无法动弹，那你可能是子宫内膜异位症患者，这种疾病近些年才开始为人所知。去咨询妇科医生，医生会告诉你更多的信息并给你做检查。

你在月经期间会感到紧张、精力下降或情绪低落，这是完全正常的。不要过多纠结于此：你的生活并不像你认为的（荷尔蒙泛滥）那样可怕。

如果你知道自己经期会很难受，那么就不要在这几天安排重要的事情。你需要好好休息，多喝水，如果可以的话就躺着。还要减轻精神负担（比如你必须要做的决定、必须进行的重要讨论……），因为在经期和经期前的几天，你的精神状态会比较差，头脑不那么清醒。

➡️ **另见：体液、青春期** ⬅️

社交网络 (Réseaux sociaux)

社交网络最初是让人沟通和保持联络的工具。
现在，它也被用来提供信息和进行创作，而且还在不断地发展。
社交网络是改善我们生活的一个补充元素。

活在真实里！

这些平台是为了让我们能够彼此联系、交流信息并围绕共同的兴趣创建社区。事实上，这对于全人类来说都是一种新事物：我们无法对社交网络的使用进行真正意义上的回溯。我们必须不断去适应，因为它们一直在发展——它们扮演的角色、发挥的作用以及存在的风险都很难加以界定。

其中的风险之一就是通过社交网络形成了一种虚拟的生活。当然，有些人在现实生活中的身份可能比较复杂，他们可以通过这些平台发出作为个体的声音。对许多人来说，社交网络向他们展示了一种梦幻般的生活，他们很快就会沉溺其中。风险？不断地拿自己的日常生活和别人发布的特别时刻（和摆拍的！）进行比较，并呈现出一种虚假形象……你甚至会觉得自己达不到虚拟生活那样的水平。此外，除非你真的想，否则不要分享自己的生活细节，因为社交网络是一种不断进行比较的工具，你分享的一切都有可能受到审查并招来嫉妒、嘲讽和批评。

为你自己的想法而战！

社交网络使得新想法得到传播，并聚集起一帮赞同这些想法的人，有时会取得重大的胜利，这要感谢所有分享这些想法的人。不幸的是，这些平台也有助于传播可悲的事情，尤其是为了播种混乱而有意制造出来的假新闻，这些假新闻往往带有仇恨的意识形态，炮制手法肤浅且具有误导性，传播速度却快得犹如病毒。因为算法极大地偏向于刺激性强、争议性大和能够引起情绪的内容。因此，你必须巧妙地选择关注的账号，而当你看到朋友和家人转发来源可疑的内容时，要毫不犹豫地向他们表达你的担忧。

仔细选择你分享的信息（只看文章的标题是不够的）并核查来源，特别是引人注目的内容。在网上也要多行善事，就像在现实生活中一样，这是我们共同的责任，无论你觉得自己拥有怎样的影响力：一切都有意义。

学会断联

注意不要让自己太过沉迷虚拟生活。社交网络是社交生活的重要组成部分，不用社交网络可能意味着错过一些事情，但我现在告诉你：放学后或乘坐交通工具时在抖音上放松半小时，这完全没问题，但浪费几个小时刷手机（时间过得很快的）对你没有任何好处。你会头脑犯迷糊，而且这是真正的浪费时间。

为了说服自己，同时不欺骗自己，放下手机之后，你可以闭上眼睛在脑海中总结一下这几个小时里都看到了什么、学到了什么或享受到了什么。问问自己，这几个小时过得愉快吗？所以呢？嗯，不怎么样。不过你也不要因为浪费了时间而感到内疚：

手机上的社交软件被设计得很容易让人上瘾，所以你会很难移开视线。但这并不会妨碍你给自己设限，比如使用闹钟或每日限制屏幕时间的工具。实际上，在你查看信息和新闻之后，接下来往往是一个空虚和焦虑的时间，你会强迫性地去看别人的生活（这不一定带给你好的感觉）。另外，通过社交网络参与社会活动可能会带来问题：连续数日关注令人沮丧的内容，最终会让人心情沮丧并失去行动力。

最后，有时候（实在太常见了，我不得不提），你必须承认使用社交网络只是为了博取关注。你发朋友圈是为了得到你暗恋对象的回应，每个人都会看到，每个人都能明白。这些做法非但不能拉近人与人之间的距离，反而会让人产生一种迷茫的孤独感。所以，如果你感觉自己有上瘾并迷失自我的苗头，那就要小心了。意识到这一点并采取行动永远都不会太晚！

追逐你的梦想

社交网络也可以成为和你有共同爱好的人建立联系的好方法，甚至可以让你展现自己的才华。创造积极的内容会让每个人都有好的感觉，还能促使你去做你可能想都不敢想的事情。当然，不是每个人都能崭露头角，但不管是写作、摄影还是唱歌，有时候都会有惊喜。你没看到，有多少美好的故事都是在网络上开始的吗？网络在重新洗牌，现在谁都可以发布作品。所以，鼓起勇气，让朋友和家人分享你的作品、去和兴趣相同的人取得联系，最重要的是，不要放弃！你所做的事情是有价值的，即便仍有需要改进的地方。

完成一幅拼图是需要时间的，但这个过程会带给你很多快乐，你不仅可以通过现有的一切和网络上令人难以置信的创造力来不断提升自己，还可以结识与你有着类似爱好和激情的优秀人士。这本书就是从社交平台上的一个小小备忘录页面开始的，有一天不知道为什么就瓜熟蒂落了，所以相信我，放手去做吧！

➡️ 另见：松弛感、网络欺凌、柠檬精、网红、媒体、梦想 ⬅️

梦想 (Rêves)

梦想既是点缀我们夜晚的梦，也是当我们想到自己对未来、所爱之人和生活的憧憬时在脑中闪过的一切。

永远不要放弃你的梦想

也许在这个年纪，你已经清楚地知道自己想要怎样的未来了。你甚至可能没有意识到这一点，但在内心深处的某个地方，当你想到梦想的生活时，你会眼前一亮。你知道自己最宏大的愿望，但也许你已经放弃了，你认为自己不够好，永远都无法做到了。

然而，所有实现了梦想的人，无论是艺术家、学者，还是冒险家，都是从某个地方踏出了第一步。不要觉得这是老掉牙的话。你应该踏出第一步，并大胆地相信，你能实现梦想，获得幸福。梦想你自己想要的东西，而不是别人强加给你的，不管是什么。去做别人不敢做的事情：生活并绽放。

保持理性和耐心

比利时歌手雅克·布雷尔曾说：实现梦想靠天赋，而天赋是汗水。不要成为那种心不在焉地做梦却又不敢放手一试的人，因为这种人害怕失败，处处给自己设限。你对某个梦想念念不忘，那是因为它有价值。不要惧怕别人的评判：你所做的一切都不会免于评判，即使你过着最中规中矩的生活。此外，如果不放手去做，你会感到无聊至极，到那个时候，评判你的人就会是你自己。不要成为那样的人：在回顾自己人生的时候，想到最多的是本可以或本应该做的事情，而不是做过的事情。

所以放手去做吧。不要等待。去梦想，去计划，哪怕需要水滴石穿的功夫，去提升自己，去付诸行动。还要有耐心：即使一开始看不到成效，但总有一天一切会水到渠成。另外，把实现目标的方法分解开，一步一步来：制定详细的计划，将每个任务分解成更小的任务，直到一切变得可以实现。从最容易的事情开始做，坚持下去，需要休息就休息，但永远不要放弃。去尝试那些让你心动不已的事情。你永远不知道自己能走多远。

温情时刻

我曾经是一个被书本拯救的孤独小女孩，我现在选择在自己的书中倾吐衷肠并告诉你永远不要放弃。生命是漫长的，而生命的惊喜就在于苦难之后会有奇迹，这些奇迹会让生活彻底改变。不要放弃。相信那些在你身上闪耀的火花。

 另见：未来、旅行

心理健康 (Santé mentale)

我们在谈论健康时，往往会遗漏一个很重要的方面：心理健康。那么，心理健康到底是什么呢？

心理疾病是真正的疾病

无论天生的、遗传的还是由生活事件引发的，心理疾病并不比身体疾病更应该让患者去承担或负责。心理疾病是大脑出了故障，和其他器官一样，大脑也可能变得虚弱。通过合适的心理治疗或药物治疗，大多数这类疾病几乎都不会影响患者的正常生活，有一些甚至可以被治愈。

这不仅仅是"脑袋里"的问题！

为了淡化事实或是出于无知，很多人（你要避免成为他们中的一员）都会对抑郁症产生极不恰当的看法，觉得这个病只需要"呼吸点新鲜空气""打起精神""想点别的事情"就会好。不，这样是治不好抑郁症的。抑郁症患者的感受不是他们自己选择的，而且忍受了多年痛苦的他们往往比一般人更坚强。这些心理疾病会对患者产生实实在在的影响，让他们在工作和生活中——甚至在日常生活的管理中——受到妨碍。例如，抑郁状态会让人失去行动能力，像吃饭或洗澡这样简单的事情也无法完成。同样，在焦虑发作的时候，患者可能无法出门，甚至无法社交。在不知道一个人正在经历什么的情况下，永远不要去评判这个人。

使用正确的术语

出于尊重，我们必须改掉随意使用疾病或障碍名称的习惯。一个有很多面的人不是"精神分裂"，一个喜怒无常的人不是"双相情感障碍"，一个安静低调的人不是"自闭"。在那些很可能患有抑郁症但你却不知道的人面前大肆吵嚷你"抑郁了"，也是非常不合适的。更不应该做的是用这些疾病名或障碍名去侮辱别人：即使对你来说这无关紧要，但在不了解对方的情况时，你这样做就是在给一种污蔑心理疾病患者的风气当帮凶——而这种情况比我们想象的要普遍得多。

抑郁症不是一时的软弱

抑郁症绝不是刻板印象中认为的那种情绪低落，它是一种由神经回路功能失调引发的疾病：简单来说，就是大脑不分泌快乐荷尔蒙了。除了悲伤外，抑郁症的特征还有失去生命冲动：渴望、欲望、快乐、能量等的减少。所有的事情都变得异常复杂、令人筋疲力尽，甚至无法克服——就连出门、洗澡甚至起床都无法做到。没有治疗这种疾病的灵丹妙药，尽管生活中的一些调整（离开有害的环境或人）可能会有所帮助。治疗的关键在于和专家一起探究真正的病因。例如，精神科医生可以提供心理治疗，或在必要时开具合适的药物，以弥补大脑的不足。

如果你感到不舒服，请在情况恶化之前说出来。很多人在一生中都会遭遇这个问题，这不是什么丢人的事情。但是，抑郁症和一时的情绪低落不一样，如果不接受治疗，抑郁症可能持续很多年并导致非常悲惨的结局，而在绝大多数情况下，通过治疗是可以痊愈的。所以，不要讳疾忌医，积极寻求帮助！

焦虑症，不争的事实

焦虑症不仅仅是在面对危险时感到紧张或害怕。和抑郁症一样，焦虑症也是一种慢性心理疾病：它可能在遭受冲击后发作，也可能周期性地发作。为了不让焦虑症的发作扰乱你的日常生活，你必须尝试去了解这种疾病。因此，咨询心理健康专家（比如精神科医生、心理学家或心理治疗师）是很有意义的。这一点都不丢人，这跟身体健康出现问题时去看医生没什么两样。

你可以学会如何应对焦虑症发作

有时候，焦虑症的发作会非常吓人，患者会四肢抽搐、昏厥、窒息、出现对死亡的恐惧或冲动恐惧症（冲动恐惧症是一种无法摆脱的惊惧，当事人会恐惧到想要做一些后果严重的事情，比如伤害别人或自己）等可怕症状。还有的时候，焦虑症的发作会呈现弥漫状，让人神志不清或感到麻木（根据具体的情况，这显然会让当事人陷入困境）。

焦虑在你耳边的低语不是真的：你不会因为焦虑症发作而死亡，你的大脑也不会永远地改变。一旦你意识到这一点，重新踏上坚实的地面就会比较容易。如果有人在你面前发病，请将这个人单独带到尽可能安静的环境中，并温柔地告诉他深呼吸，让他平静下来。

有一种可以利用周围的东西来平息发作的技术：五感技术。首先，集中注意力，然后试着识别五个你看到的东西，接着是四个你听到的东西，三个你触摸到的东西（包括身体部位或你自己的衣服），然后是两个你闻到的东西，最后是一个你能尝到的东西。这个方法是通过轻柔地与周围的具体事物重新建立连接，来把你从脑子里循环往复的想法中抽离出来。

持续不断地对你的焦虑症下功夫

这种心理疾病可能是遗传性的，也可能是由创伤引发的。无论哪种情况，你都与此无关。所以不要对你无法控制的事情感到自责。但你确实有机会通过分析引发这些症状的情况和你感到的恐惧来对症下药。为此，可以练习冥想，这虽然无法替代医疗监测，但可以作为一种让你感觉良好的补充。即使这对你来说似乎是不可能的，但你一定可以让自己内心沸腾的情绪平静下来。

心理医生

心理医生，就是专门研究心理健康的人——我想提醒你，心理健康和身体健康一样重要。心理学家、精神科医生和心理治疗师可以通过心理治疗帮助你。所以，当你需要治疗时，你可以向专业人士求助。

勇敢去做，照顾好自己

有时候，承认自己状态不好会让人难堪，但这并非无稽之谈，生活中有起有落——这并不丢人。如果你正在经历哀悼、遇到困难，或者只是无缘无故地状态不好，那么你应该花点时间厘清扰乱你心绪的那团乱麻。必要时，去看心理医生。因为害怕或羞于承认存在的问题而继续受苦，才是令人遗憾的事情。这并不是说某位心理医生一挥魔法棒就能拯救你的生活：没有人可以，甚至你也不行。但心理医生可以帮助你以不同的方式去看待你正在经历的事情，而这往往就是一切开始改变的地方。

清楚地告诉父母

告诉父母你的状态不太好，想要去看心理医生。他们不需要了解详细的缘由，但如果你不想说他们却坚持要你说，你可以告诉他们是为了让自己在学校更有自信。

如果父母由于经济或其他原因不希望你去看心理医生，那么你可以打听一下：有的学校有心理医生，如果没有，校医院的医护人员可以为你介绍。你还可以求助心理咨询师，他们都很擅长倾听，而且可以为你提供一些有用且实用的建议。

选择对的人

找到一个让你舒服和信任的心理医生很重要，如果你见到的第一个心理医生不适合你，那就换一个，没关系的。最初的几次治疗总会让你感到奇怪，因为你会觉得，怎么突然之间就必须重新探究自己生活的方方面面了？这让人有点头晕，但你的感觉很快就会好转，并且可以自如地说出一切！

你不是怪胎

不少人看过心理医生。只有更好地认识和了解自己，你才能爱自己并从容地前行。为什么要放弃自己呢？如果你还没有迈出这一步，不要担心：有一天，你会想要讲讲自己的故事的。

你没有任何义务告诉别人你在看心理医生，但如果你被问到了，或者有人发现你为了改善自己的状况在看心理医生，你也不必隐瞒；看心理医生并不意味着你很愚蠢或者可能带来危险，这也不会把你划为不正常或边缘化的人。心理治疗是提供给那些选择照看自己的心理健康、不愿放弃抗争并拒绝假装一切都很完美的人。这个决定可能是你生命中做出的最好的决定之一，所以不要为此感到羞愧！

心理健康的日常呵护！

即使你很幸运地没有患上任何心理疾病，这也不能成为你忽视心理健康的理由。在一个推崇人们忙忙碌碌地过着多种生活（职业、社交、家庭……）却从不曾停下脚步去思考的社会里，心理健康往往会被忽视。然而，问题的关键是让人感觉良好并能

够在生活中不断前进，因为心理健康决定着其余一切的发展动向。你要好好呵护它！

有很多简单的事情都可以呵护心理健康：

- 远离那些让你感觉不好、你在与他们相处之后感到不舒服甚至难过的人。

- 睡好（8~9个小时），而且睡眠时间要规律——包括周末！

- 吃好，保证营养均衡和饮食规律。

- 当你要在后果相同、成本相同的两件事之间进行选择的时候，只选择你喜欢的，不要考虑外部因素。

- 不要饮酒，至少不要每天饮酒——这不仅会影响你的睡眠质量，还会影响你的精神状态，无论你是否意识到了这一点。

- 进行体育锻炼或其他任何能让你放松身心的活动。到大自然中去——这对你的精神很有好处！

- 不要强迫自己做消极的事情（批评别人、在网上关注你不喜欢的人、回头翻看让你痛苦的信息、反复看让人沮丧的新闻……）：烙在你大脑里的印记比你想象的要深得多。

- 记住：你所做的一切让你成为一个鲜活的人，羞耻不会比愤怒更持久，而且有一天，再深重的悲伤也会一扫而空。

➡️ 另见：幸福、信心、社交网络、压力、自杀 ⬅️

身体健康 (Santé physique)

身体健康状况是指你的身体及其所有组成部分和功能的状态，无论状态是好是坏。

健康的重要性

健康是无比宝贵的财富。我们往往在生病时才会意识到这一点：没病没痛的感觉真好。所以，如果你的健康状况很好，没有疾病或慢性病，那你一定要好好珍惜。

关注自己的身体健康至关重要，你可以定期做检查（比如定期做妇科检查），也可以在有疑问的时候去看医生。永远不要因为去看医生而感到羞耻：虚惊一场但没什么毛病总好过因为害怕被人笑话而没有意识到自己的健康状况出了问题。

如果你的身体出了问题，请不要轻言放弃。这些问题可以自行或借助医学的进步得到改善甚至痊愈。这些问题可能会让你觉得非常不公平。但可以肯定的是，这既不是你自找的，也不是你的错。生病在很大程度上是因为偶然性，但也有易感性因素，这不是你的问题。虽然这很难，但你可以与慢性病共处，也可以幸免于重病。

他人的健康

不要通过外貌去判断他人的健康状况（不要评判他人的健康状况，就这么简单！）。比如，你要摆脱那些有关肥胖的刻板印象：一些很苗条的人身体并不好，拥有符合审美标准的身材并不能改变这一点。

如果周围有人生病了，千万不要一意孤行地谈论这个话题。如果当事人决定和你谈谈这个话题，你要做到充分地理解、记住相关信息，并且不要问问题。你还要尽量做出恰当的反应：不要过度反应（不必提醒对方情况的严重性让对方徒增压力），但也不要轻描淡写（得到安慰总是好的）。尤其是，不要跟患病的人说你比他更了解他的病痛。

保持身体健康的要素

- 均衡和充足的饮食（否则你会缺乏保障健康成长和滋养器官所需的必要营养物质）。

- 充足（最少8小时）且有规律的睡眠。

- 足量的饮水（每天饮水一升半，这比你想象的要重要得多）。

- 不要摄入有毒物质——或尽可能少摄入——无论是药物、酒精还是烟草。

- 从事一项你喜欢的运动。

- 呵护心理健康，因为一切都是相关联的！

➡ 另见：疲劳、心理健康、运动 ⬅

乳房 (Seins)

这对有点体积的伙伴出现在青春期,有时给你带来令人困惑的尴尬,有时又是自豪。乳晕(胸部的粉红色小圆圈)后面的小腺体首先开始发育,然后逐渐变大。

没有完美的乳房

这一点应该早就尽人皆知了,没有理想的形状,没有理想的乳头颜色,没有理想的乳房大小。如果你的乳房看起来不太符合当年的潮流,那么请牢记一点:潮流年年变,明年到我家。

乳头周围长毛是正常现象。就像大多数的哺乳动物,你也有毛发,尤其是身体上的毛发,具有保护身体的作用,所以乳头部位怎么能没有毛呢?但如果这对你来说确实是个问题,那就拿出你的镊子吧。

乳房不对称也是正常现象。我再强调一次,不要迷信精修图里的样本:大多数乳房的间距比这些图片中的更大,而且天然的乳房不会那么坚挺。

解放乳房!

啪嗒

戴不戴胸罩，你说了算！

你不一定非要戴胸罩！你戴胸罩可以是出于审美或实际的原因（乳房，尤其是大尺寸的乳房，在上下楼梯或运动时会以令人痛苦的方式晃动，尤其是在经期，因为乳房会肿胀），而不是因为别人告诉你应该戴。不戴胸罩会导致乳房下垂的说法是假的。

如果你选择戴胸罩，请在购买时问问懂行的人，至少在第一次购买时问问：尺寸不对或罩杯与乳房的形状不贴合都会让你感到不舒服。

你不需要每天更换胸罩（根据你的出汗量，一副胸罩可以戴2~4天），所以两三副就够用了……尤其是你的乳房可能会发育得特别快！

➡ 另见：难堪、体毛、青春期 ⬅

追剧 (Séries)

剧集的种类有很多，有些让你以娱乐的方式打发时间，
有些让你学到很多东西。
那么，你该如何找到适合自己的呢？

无限的选择

你在查看流媒体平台的菜单时会注意到：全世界的流媒体平台都很重视剧集的制作，因此你会很难做出选择。除了正在热播的剧集外——其中有很多上乘之作，因为它们讲述这个世界的方式既美丽又贴切，可以媲美电影——你还可以看看以前的剧集，有不少都是引人入胜的佳作。另外，你最喜欢的剧集有可能是翻拍老剧集。

觉还是要睡的！

谨防刷剧停不下来。即使剧集让你欲罢不能（在你特别喜欢的剧集剧终时你会感到一种小小的空虚），你也不要让自己沉溺其中：看得超开心，每周都要牺牲好几个小时的睡眠时间，因为你忍不住要多看两三集，不，不能这么干！

剧集里演的不是真实的生活

剧集里的每个人物都长得既好看又有魅力，所有事情的前后串联就像命中注定一样……而且都事出有因！屏幕上的惊心动魄是不真实的：你的生活不可能像剧集里那样，一直都有不可思议的事情在发生……因为你的生活没有剧本——这也许不是什么坏事，你不觉得吗？

在开始追剧之前，请注意！

- 在你准备踏入光影的世界，探索一部部剧集之前，请确保自己已经达到了适宜的观影年龄。

- 某些剧集中会包含一些激烈或复杂的画面，如果你的心理和情感发展程度还不够成熟，那么这些画面可能会给你带来不适或困惑，甚至对你的心理健康产生不良影响。

- 在此温馨提醒：请务必关注自己的观影年龄！当你具备了足够的心理承受能力和情感理解力时，你将能够更好地理解剧集中所传达的深层次含义，从中获得更多的思考和启示，从而丰富自己的精神世界和人生体验。

另见：松弛感、文化、真人秀

孤独 (Solitude)

**孤独是让你获得些许安宁的机会，
但它也可能让你感到心情复杂、怪异，甚至痛苦。**

对孤独的深深恐惧

孤独会让我们体验到一些不好的感觉：怨恨他人、想念无关紧要的人、沮丧、抑郁。在一个大多数人都喜欢身边有人陪伴的世界里，孤独甚至会让人感到羞耻。事实上，别人不会一直关注你。所以，不要让这种恐惧滋生过头！找人陪伴，可以，但不要不惜代价。

最糟糕的孤独，是身边围着一群人依然感到孤独，你可能已经有过这种感觉。这就像身在骄阳下却如裹寒冰。幸运的是，有一天，它会过去的。和那些让你感到不舒服或让你无法做自己的人在一起，也会有这种感觉。这样的陪伴是填补不了孤独带来的空虚的。

与孤独为伴

孤独也有好处，它可以让你更多地专注自己。很多人认为独处不如身处人群、噪声和喧嚣中愉快或刺激，但独处能让你的大脑得到休息并处理所有的信息，从而推动你前进。

我们经常试图逃避自己。但独处可以帮助我们消化强烈的情绪，同时不会对别人说出让自己后悔的话。独处还可以让我们避免从别人身上寻找自己身上缺乏的东西：想想那些不停恋爱或迷上某个人的人，一旦那种空虚似乎被填满，他们立刻就会抽身而去。尽管表面看来如此，但其实我们是无法通过不断认识人让内心得到满足的。

能够享受孤独是一种真正的胜利，无论是散步、听音乐，还是什么都不做。这实际上就是与自己共度美好时光,并摆脱了他人的眼光。好好享受孤独,而不是为了打发时间去无效社交。孤独是在你面对自己时学会了解自己并欣赏自己的机会。这听起来可能有点天真,但这绝对是你自爱的关键所在,所以不要小看它。

另见:友情、爱情、幸福、松弛感

运动 (Sport)

做运动对你的心理健康和身体健康都是至关重要的。
做运动还能锻炼你的意志，看到自己取得进步会感到非常自豪！

去运动吧！

没有养成习惯时突然开始运动并坚持下去会很难。但是，一旦养成习惯，你就会感受到它带来的种种好处！总有一种运动适合你，循序渐进地开始运动，以免厌烦或受伤，但要有规律——你可以和朋友一起。

找到你的喜好

运动的种类数不胜数：可以增进感情并和队友一起超越自我的团队运动、可以增强防御能力和韧性的格斗运动、技巧运动、水上运动、滑行运动……任你挑选！所以，根据你自己的情况大胆尝试吧。有些运动的优点就是不需要任何设备，而且多选几种运动可以让你在享受乐趣的同时达成医生建议：5~17岁人群每周进行三次运动——除了每天30分钟的步行。

尊重你的极限

如果你的运动表现并不出众，也不要妄自菲薄，这不是重点！重点是给你的身心带来好处，并重新建立身心连接。

还有，不要听信那些乱七八糟的建议：比如空腹运动或在烈日下穿着防水衣跑步。有一些规则是要遵循的：运动前要热身，运动后要拉伸；运动前、运动中和运动后要补充水分。如果你抽烟，请不要在运动前或运动后的一小时内抽，因为你的肺在这段时间里是"门户大开"的。

另见：心理健康、身体健康

实习 (Stage)

实习是你在一家公司或机构度过的一个短暂时期，
目的是了解公司或机构的运作方式、某种职业和职场环境，
从而帮助你决定自己的职业方向。

进入成人的世界

实习是一个机会，可以让你了解工作节奏、工作任务……和职责！因为在实习的过程中，你不仅会明白你从上学开始积累的所有知识有什么用，而且还会通过圆满完成公司或机构派给你的任务获得一种满足感——这是一个让你意识到自己能力的好方法，对你的自信心也有好处，不是吗？你还会遇到可以给你建议的人，你可以与他们保持联系。

善加利用！

无论实习的时间长短，重要的是让你感觉好并对你有用。你的首要任务是了解某个职业并确认你是否喜欢它，所以实习单位的选择至关重要。尽管向你的老师求助，以找到最适合你的领域。如果可能的话，选定几家公司，给每家公司都写一封具有个人特色的申请信，以表明你熟悉他们的经营活动，并说明你可以如何参与其中。面试时，不要害怕，尽量多问问题：你去那里是为了学习，每个人都是这么过来的，所以没有人会责怪你。这正是尽可能多地积累知识和技能的时候，这些知识和技能对你接下来的职业生涯会很有用，所以好好把握吧！

另见：未来、职业教育

压力 (Stress)

压力既可以让人停滞不动，也可以让人极度兴奋。
我们会担心一些即将发生的事情，
这对我们来说是一个挑战，而且我们希望事情能成功。

一个有点笨拙的朋友

通常，你有压力是因为你很在乎即将发生的事情。我相信，即使是世界上最自在、最能干，甚至是最有魅力的人，也会在这样的时候感到有压力，无论压力会持续多久。

就像对所有不愉快的感觉一样，对于压力，你最好做两件事：一是学会预测它，这样你就不会太痛苦；二是即使有了压力，你也要利用它去获得一些积极的东西。压力有时是可以成为动力的。你会持续感受到压力，直到你开始行动。一旦你开始行动了，事情便会水到渠成。

减压！

感到有压力时，你可以练习一下冥想放松法中的"方形呼吸"。坐在一个安静的地方（闭上眼睛），吸气十秒钟，屏气十秒钟，呼气十秒钟，屏气十秒钟……然后重复。你也可以播放一些能够激发自信和安抚情绪的音乐，只要有压力就去听，提醒自己事情一定会顺利。无论大脑在那一刻告诉了你什么，你都一定能做到，一定可以！

一切都会好起来的。大脑有时会戏弄我们，它甚至会在压力事件发生前的整个晚上让你无法入眠，好看看你到底有多大能耐……而你的能耐是无穷的。你曾经扛过了似乎已无计可施的情况。牢牢记住那一刻，在需要的时候回忆那一刻，鼓励自己。每个人都会有压力，而生活依然继续。相信自己，你放手一搏的那一刻只是人生的几秒钟而已！

 另见：心理健康

自杀 (Suicide)

自杀，是指以自愿的方式导致自己死亡。
关于自杀有很多的禁忌和先入为主的观念，我们有必要讨论一下。

什么是自杀？

自杀是由巨大的痛苦导致的。然而，有的人可能长久地忍受异常艰难的境况也不会去自杀，而有的人可能会在没有任何征兆的情况下突然就选择自杀。所有的心理健康问题都是如此：你永远无法想象他人的生活和想法。没有人能够完全理解导致某个人死亡的原因。自杀既不是软弱的表现，也不是自私的行为。尽管这种行为给周围的人带来痛苦，但当事人这么做有他的理由——即使你可能感到的愤怒只是人性的体现。如果当事人是你不熟悉的人，他的死亡对你没有直接的影响，那你就没有必要发表意见：评判这样的行为毫无意义。

如果你认识的人自杀了

如果是你认识的人自杀了，你感到震惊、悲伤甚至愤怒都是正常的。虽然这会因每个人的信仰而异，但从文化上来讲，社会认为死亡是一种终结。我们会觉得一个人选择这样的做法而不是其他的做法实在难以理解。

或许你也深感疑惑。特别是在年轻的时候，经历自杀事件会让你的内心深处对生命和应对痛苦的方式产生共鸣。因此，各种问题在你心中撕扯、撞击是完全正常的，同时，你要跟亲近的人谈谈这个问题，如果可能的话，还要和心理健康专家谈一谈，他们能给你提供应对这个冲击的方法。

在你亲近的人自杀后，你很自然地会想要和熟悉当事人的人待在一起，因为你们正在经历共同的痛苦并能够相互支持。但要注意，你一定要为自己留出时间，好让自己的头脑可以暂时远离这一切。如果你没有释放自己的悲伤，那么你在哀悼期间就会扛不住。这不仅会让你的处境越发艰难，还会让你无法再去帮助别人。

你身边的人想自杀

第一，你不要临时做当事人的心理医生。无论你有多坚强，无论你的建议有多好，在这种情况下，你都无法提供足够的支持去减轻对方的负担。

第二，在有人向你倾诉痛苦时，你不可掉以轻心。告诉对方他很重要，他对你来说也很重要，经历这一切并不意味着他软弱。你也可以以你或认识的人的生活为例，告诉他异常艰难的日子过后是更美好的时光——此时和彼时你都会陪着他。

最后，你可以建议他去咨询心理医生，甚至帮他找到合适的心理医生——千万不要催促他，我再强调一次，或者背着他做些什么。

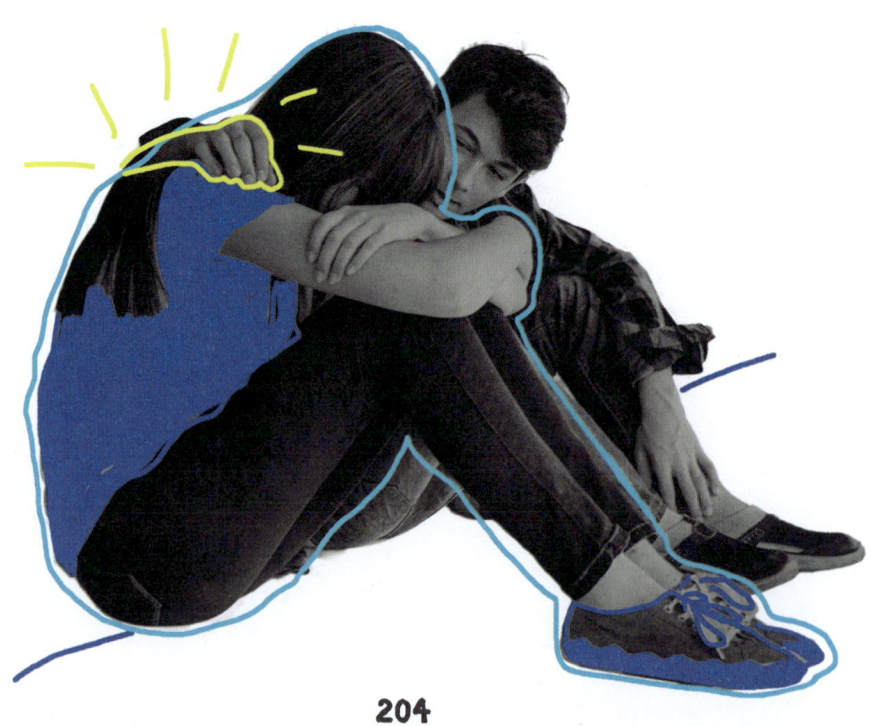

你还要保护好自己，因为这不是你该承担的重担（而且你也没有这个能力），你可以提出跟你们都认识的人谈谈这个问题，或者你可以自己跟一个值得信赖的人谈谈这个问题，但不要提到当事人的名字。碰到这种无比沉重的事情时，要立即寻求帮助！这也适用于你发现朋友做出了异于往常的行为（自我封闭、持续的愤怒、强烈的悲伤）或危险行为（成瘾或涉险：人可以通过一千种方式慢慢求死）的情况。你要尝试跟值得信赖的人说说你的发现，这么做不仅是为了保持头脑清醒，也是为了卸下一些情绪负担。

自我救赎

状态不佳的时候，大脑不仅会让我们重新评估现在，还会让我们重新评估过去，甚至是未来，而且都是以一种负面的眼光。因此，我们会觉得自己的生活从来都没有过快乐，而且会一直这样，这时要摆脱这种想法是非常困难的。这种状态很糟糕，但我向你保证，它是可以被治愈的，而且最终会过去。

跟亲近的人说说这个问题非常重要。如果你身边似乎没人能够听进去和理解你说的话——这种情况时有发生，我发誓，你不会永远都孤独一人——会有其他人听到你和理解你的。

如果可能，你应该咨询心理医生——可以以匿名的方式咨询。即使眼下这对你来说似乎是不可想象的，但与心理医生谈一谈可以让你确认是什么让你如此痛苦，还可以帮助你学会与它共处，甚至克服它。

 另见：友情、哀悼、死亡、心理健康

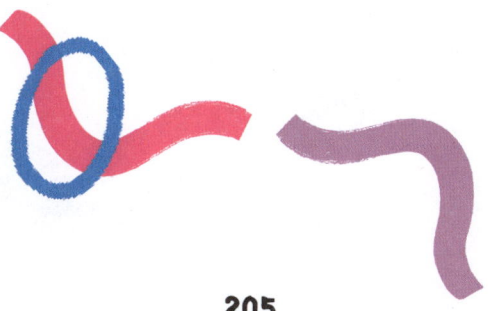

手机 (Téléphone)

好好看看这个你从不离身的小玩意。
你可以用它做任何事情，但考虑到这个让人欲罢不能的小设备可能带来的有害影响，你要确保不会因它虚度光阴。

口袋里的必需品

手机最初只能打电话、发短信，然后听音乐（通过蓝牙相互传送），接着是上网（WAP）、拍照（那时候的像素都极低），再然后是应用程序……而现在，手机已经取代了GPS、随身听、手表和闹钟、相机、电视、书籍，以及我们所有的通信方式——有时甚至还有电脑。要放下它可不容易……你最后一次出门办事不带手机是什么时候？

断开连接，深呼吸！

如果你不喜欢打电话，可以发短信。如果你知道某人不喜欢打电话，那就提前告诉他你需要给他打电话——这比你想象的要普遍得多！

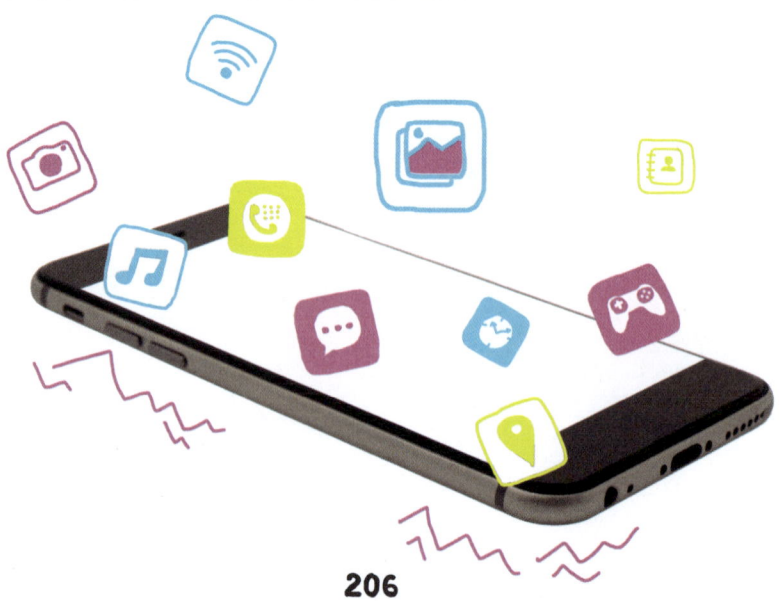

除此之外，你有权在某些时候让自己失联，就像你在睡觉的时候。打开飞行模式、关闭某些通知、打开屏幕使用时间（如果手机上有的话）都是避免你长时间沉迷手机的好方法。你也可以给自己设定一个目标，比如一整天不给手机充电，或者尽可能把手机放在远离自己的地方。这样做甚至可以减压。

如果你特别喜欢刷手机，那就去刷你真正感兴趣的应用程序，或者使用和你的兴趣爱好有关的应用程序（你可以阅读很多有趣的东西，甚至可以学习一门新语言），尤为重要的是，当你需要享受现实生活时，养成放下手机的习惯！尽管我们能同时做很多事情，但和一个在聊天、吃饭、聚会，甚至看电影的时候总盯着手机的人在一起，绝对不是一件愉快的事。

我没有手机

什么年龄可以有手机?这是你应该找父母讨论的事情,具体取决于他们对你的限制。通常来说,上大学的时候,就可以有手机了。你也可以和父母商定使用手机的具体时段。他们想保护你,以免你成瘾,这很正常。

我的手机逊毙了!

你的手机能打电话吗?能收发短信吗?拍照呢?可以查看微信吗?这已经很棒了。是的,没有最新款手机让你感到恼火,但至少能让你幸免于一件事:总是担心手机被弄坏或被偷。谁的手机又能是金刚不坏之身呢?

另见:社交网络

真人秀 (Télé-réalité)

真人秀节目会引起很多人的讨论。
但它展现的内容实际上更多的是电视里的而不是现实里的……

不用动脑子，但又不是完全不动脑子

你可以在空闲时间尽情玩乐。对此说三道四的人往往是想显示他们的优越性。但是，看真人秀并不比刷短视频、看电影或追剧，甚至参与某些讨论更愚蠢。和其他不费神的活动一样，你可以在看真人秀的时候时不时地走神。真人秀还可以成为你和朋友的谈资，但还是要带着点批判的眼光，因为并不是什么东西都值得保留。

别被外表迷惑

真人秀节目传播了很多刻板印象。女人做整形手术，或男人通过健身改变自己，这都没有问题，但你要记住，这些绝不是必须追随的典范。你在真人秀中看到的那些人，他们的身体是工作的重要组成部分，他们在上面花费了大量的时间和金钱——这是你没有的。

说到钱，如果你知道（所谓的）只需和朋友一起去度个假，并在社交网络上发布产品广告就能赚取巨额酬劳时，这确实会让人心向往之。但是，仔细想想，你要牺牲隐私和内心的安宁，还要不断制造话题才能留在节目里，这样的钱是容易赚的吗？有些事情比表面上看起来的要更累人，所以在制定职业规划之前要考虑清楚。

电视不是现实

这些节目向你展示了一种奇怪的爱情模式：看对眼、成为"准情侣"、成为情侣、出轨、分手、吵架、破镜重圆。女孩一出场就要被男孩追求，然后还要无数次地忍受男孩各种难堪的行为、"原谅"他们、如果"真的喜欢"他们就要"表现得像女人一样"。还谈什么女性主义——但我们不能自欺欺人：节目里发生的事情反映的正是在社会中无处不在的被夸大和扭曲的刻板印象。

除了奇怪的爱情模式外，你还要提防对某种侵犯、骚扰和性别歧视文化的美化，因为我们会不可避免地受到自己所见的影响。

➡️ 另见：名气、松弛感 ⬅️

羞怯 (Timidité)

你在公共场合感到不自在，在遇到陌生人或者尝试当众发言的时候，你还会脸红、结巴或出汗：这就是"羞怯"。但好消息是，这不要紧。

不要被别人镇住

有些人性格外向（也就是非常擅长社交），那又怎样呢？他们也在过着正常的生活，也有一堆烦恼。还有，他们中的一些人和你一样害怕别人，只不过他们通过说出自己的感觉去尽量抵消这种害怕。

不要因为羞怯而感到羞愧

你害怕当众表达，害怕做不到，害怕找不到合适的措辞：说到底，这是一种害怕让别人或自己失望的心理。如果这更多的是因为缺乏自信而不是性格使然的话，那么你就告诉自己，这种情况会随着时间的推移而改变：你会成长，会学着了解自己，并最终获得自信。

有一点你可以放心：你在别人眼中的魅力不会因为羞怯而减弱。每个人都有自己的闪光点，但不一定知道如何当众展示，而正是因为这些闪光点，了解你的人才会那么爱你。

在自己身上下功夫

口才（能够自如地表达和运用言语），只有极少数人是与生俱来的，但也可以通过学习获得。提前演练你担心的讨论、给自己设定小挑战、迫使自己在课堂上或公共场所发言、去和你不认识的人聊天、报名参加各种表演活动，这些都有助于你表达自我。你是足够好的！

➡️ 另见：信心 ⬅️

宽容 (Tolérance)

宽容，是接受他人的行为方式与我们的不同，
是承认人可以有另一种存在、思考或生活的方式。
接受他人的不同，通过发现在自己的观点和经历之外的生活而不断丰富自我。

名副其实的心理操练

我们最常谈论的是对残障、失业人士等弱势群体的宽容……如果这对你来说属于常识性问题，那么你要知道，不是每个人都能自然而然地接受这些。

对与你不同的人表现出宽容，无论这种不同是否出于自愿选择，意味着接受把你的目光从自己的生活上移开，尽管你的生活中可能有很多困难，但它仍然可能比其他人的生活要容易得多。他人可能遭受的压迫有很多种，这些压迫是我们没有经历过的，所以意识不到，即使我们的痛苦另有原因。但对很多人来说，要认识到这一点依然很难，这些人往往会表现出一种自我中心主义，这种自我中心主义有时是由痛苦引起的，有时是因为缺乏知识，有时是因为他们从未离开过的社会或地理环境所特有的教育方式。

不幸的是，无知滋生恐惧，甚至恶意。诚然，选择对不公视而不见或放弃理解他人要容易得多。但不接受他人就是剥夺他们作为人存在的权利，这是彻头彻尾的不公。因此，尝试在你能力所及的范围之内改变一些事情之前，你必须意识到他人的困境并承认你自己拥有的某些特权。

不要对什么都宽容

即使拥有最大的宽容，我们也不能接受什么都可以说。我们应该接受不同的观点，并通过沟通解决问题，而非攻击或逃避，毕竟谁也没有掌握绝对的真理。但是，

对不可宽容之事，绝不能宽容。当言语变成行动时，情况可能会变得危险，一些非常暴力的言论甚至威胁到他人的自由和生命。所以，一旦出现暴力，宽容就应该停止。

不要任由他人在你面前说冒犯你的话。如果你有足够的勇气，那就去和对方辩论一番：你所做的一切能让其他人不必听到同样骇人的话，而且，或许你可以改变对方的想法。质问他为什么要这么说，让他睁开眼睛好好看看现实，告诉他多样性是人类历史不可或缺的一部分……但在你失去耐心之前要打住：生气会伤害到你自己，也会让对方固守自己的立场。我相信，冷静从容是解决问题的最佳方式——你沟通得越多，就越会看到这一点。

另见：女性主义、信仰

毒性 (Toxicité)

毒性，是指任何像毒药一样作用于你的东西的特性。
重要的是，要知道如何识别它，以便更好地摆脱它。

远离有毒的关系

有毒的人注定会毒害你，因为那是他们的本质。即使受到蒙蔽，你最终也会意识到。这些人会让你感到不舒服，甚至伤心。在他们面前，你会发现难以做自己，你要小心翼翼，以免造成尴尬或冲突，你宁愿隐藏自己的真实想法，因为害怕引起误会或被评判。在和这些人见面之后，你会身体不适、感到空虚和落寞——你甚至还会羞愧地在脑海中重复和他们相处的某些时刻。

但有时候，这些人你是避无可避的（比如家里或公司的人）。你甚至可能会索求他们的陪伴，这是情有可原的：和有毒的人在一起会贬低我们的价值，我们会自然而然地想要不惜一切代价求得他们的认可，从而重建我们的自尊。我们可能深爱着有毒的人，他们也爱着我们。不幸的是，有的爱是糟糕的爱。因此，无论这是什么关系，你都最好抽身出来，不要等它变得成熟……或者永远无法摆脱。

如果你经历过或正在经历这种依赖，不要感到内疚，而是要坦诚地面对自己并做出必要的决定：你可以开诚布公地谈谈你的感受（在这种情况下，要提防花言巧语）；你可以改变你对这个人的行为方式（允许自己反驳他，减少和他见面的时间或者发展和其他人的关系）；你还可以斩断和他的关系（要知道，即使这会让你失去一些机会或朋友，但我向你保证，这会让你获得自由）。

只有爱是不够的

我再说一遍,因为这一点很重要:有时候,你会痛苦地意识到,你对某个你深爱的人来说是有毒的。你可以是一个很好的人,但哪怕心怀最好的意愿,你对另一个人来说未必是好的,因为你们在这段关系中的期望不同,你们没有相同的步调,也没有相同的需求或沟通方式,最终,你太爱这个人,以至于你在某一刻觉得这个人值得更好的。离开所爱的人总是会令人心碎,但我相信(你会意识到这一点的),最美好的爱就是懂得如何适度地忘我,好让那个人拥有自己的幸福和自由……即使是在远离我们的地方。

不要对自己有毒!

和有毒的人断绝关系是件好事,但前提是你不要对自己有毒!当你觉得自己不如别人、自己什么都做不成的时候,问问自己,你会对你爱的人这么刻薄吗?你会像对待自己一样对待他人吗?

你还要意识到,有些行为,即使在短期内可以减轻你的痛苦,但它是有毒的。比如,熬夜令人愉快,但身体也会有记忆,而且会记很长时间。所以,做你想做的,但不要过度!偶尔跟朋友们出去玩玩,可以,但不要熬太多夜。你可以在享受的同时节制!我跟你说的这些也适用于饮食或任何其他可能迅速成瘾的乐趣。

在一切都不顺利的时候,你必须让自己放松下来,也就是让自己缓口气。而一旦你恢复了一点精力和斗志,就花时间审视一下你的日常习惯,问问自己这些习惯是否都对你的身心健康有益。你正好可以趁机戒烟,或者不要再对那些只会让你爱恨交加、心烦意乱的人念念不忘!生活已经够复杂了,所以做你自己的守护天使,放过自己吧。

➡ 另见:友情、爱情、好意、家庭 ⬅

出汗 (Transpiration)

出汗是一种生理现象，它让你的身体释放出汗液，而且会有味道。事实上，汗腺在出汗时会被激活，从而调节你的体温。
这完全是自然现象，对你的健康很重要。

==不要因为出汗而感到羞耻：这是自然现象！==

每个人都会出汗。只不过，有的人出汗多，有的人出汗少（从青春期开始出汗会变多），而且不同的身体部位出汗量也不同。

容易出汗（或流汗）的情况：

- 运动和高温（这也是夏季需要多喝水的原因之一）。
- 强烈的情绪（你好，害羞的孩子！）。
- 饮食（特别是不习惯吃辣的人吃了辛辣食物的时候）。

你能够避免以上所有的情况吗？不能。出汗是因为你是人类。不必为此难堪。也就是说，没什么可担心的：有一些小窍门可以把出汗带来的不便（尤其是难闻的气味）减到最低。

易于遵循的原则：

- 每周更换床单：我们在夜里会出很多汗。
- 洗澡时用洗澡巾仔细清洗腋窝、私处和脚丫（脚趾下面和脚趾之间！）。
- 至于腋窝，尽量使用明矾石制成的天然除臭剂，或是用椰子油和滑石粉制成的除臭剂：止汗产品不好，它们会阻碍汗液分泌这一自然过程。还要避免使用可能致癌的含铝除臭剂。如果你受到汗渍的困扰，那就选择深色的上衣并避免穿合成面料的衣服！

- 至于脚丫，每天穿干净的袜子。到家时脱掉鞋子，尽量不要连续两天穿同一双鞋。这么做还可以预防真菌感染！如果你的鞋子开始散发出难闻的气味，你可以在鞋子里撒点小苏打粉，然后放一晚上。

- 你还可以每天更换内衣、每隔一天更换T恤，这样可以有效地避免散发汗味（如果经济上允许的话，尽可能避免穿合成面料的衣服）。

礼貌小贴士

不要当着大家的面说某人有汗臭味，并避免说别人的坏话：任何人在任何时间都有可能碰上这种情况。如果汗味让你觉得不舒服，比如在乘坐公共交通工具的时候，你可以悄悄地在人中位置滴一滴香水。

 另见：难堪、体液

创伤 (Traumatisme)

创伤是由于在一个或多个事件中感受到的剧烈冲击而造成的，创伤往往会影响我们的行为和生活。

创伤的症状

创伤可以通过各种方式体现出来：进食障碍、恐惧症、睡眠障碍、抑郁症、挥之不去的记忆、社交焦虑、噩梦，甚至是我们所说的"创伤后应激障碍"。另外，我们也有可能在对创伤完全没有概念的情况下经历潜在的创伤性事件。

即使看似被深埋，但创伤可能在任何时候因刺激或触发而重新出现，这些刺激或触发可以是一种气味、一种噪声、一种声音，也可以是一个梦、一个故事、一部电影、一则新闻……还有严重事件造成的创伤，而某些与极度失望有关的创伤在每次出现类似情况时都会被重新激活。如果这些创伤不愈合，就可能对生活形成妨碍（比如在情感上或工作中）。

创伤甚至可能源自你已经不记得或记忆很模糊的事情。你的创伤是有因可循的，即使它们涉及的事情在你看来只是鸡毛蒜皮，或在周围人看来是完全无关紧要的，又或者它们和非常久远的事件有关。出于同样的原因，不要嘲笑别人的创伤，也不要质疑某种情境是否真的会造成创伤。

在发生严重事件的情况下，大脑会启动一种强大的保护机制：否认。这就是为什么创伤有时要在很久以后才会显现出来。

你可以带着创伤生活

处理创伤的方法有几种。例如，你可以接受心理治疗，深入探究你头脑中与冲击有关的一切，你还可以选择眼动脱敏（基于眼球运动）与再处理疗法——特别适用于治疗创伤后应激障碍——或者去看精神科医生，医生可以开具合适的药物来帮助你。你还可以通过参加由具有同样问题的人组成的讨论小组，逐渐消除创伤。但无论是哪种情况，你都必须采取行动去治愈自己的创伤。

创伤可以深刻地改变我们，让我们一蹶不振，但有时候却能给我们带来移山之力。不管怎样，和一些说法不同的是，你完全可以不试图从你的创伤中吸取教训或把它们转化为力量。另外，无论有什么潜在的积极后果，没有痛苦的生活总是更好的，但困境是每个人的命运。幸运的是，我们可以与困境共处，有时还可以从困境中振作起来。

➡️ 另见：心理健康、进食障碍 ⬅️

进食障碍 (Troubles alimentaires)

进食障碍是跟饮食有关的障碍，会严重影响人的身心健康。

进食障碍的根源

认为进食障碍只是"饮食恶化"的想法是一种极深的刻板印象：问题要复杂得多。例如，一个人不会只是为了减肥而变得厌食。有不少人是因为社会或家庭的压力（尤其是对减肥的执念）而出现这些障碍的，但这并不是唯一的因素。你的年纪正是一个发生巨大变化的年纪（令人兴奋但也困难重重）。你的身体变得陌生，你的心理时有波动，你竭尽全力去应对这种不适。

所以，有时候，为了缓解压力或摆脱空虚，你可能会毫无缘由地想要大量进食。为了对动荡的生活多几分控制，为了在一切都在变动的时候控制自己，你试过不吃东西——于是你觉得这样做能增强自己的意志力。进食障碍可能是由于在生活中对控制的需求所引发的，你感觉生活中一切都在加速而自己却无法决定任何事情。吃得太多或吃得太少也可能是你觉得自己做错了事而对自己施加的惩罚，或者是一种为了获得关注的方法。

没有必要感到羞耻：说出来并寻求帮助

你可能会出于各种原因而对自己的身体产生一种错误的认识。问题在于你看待自己的眼光，而不是你的身体结构（这就是为什么跟厌食症患者讲道理是白费力气）。任何人都可能在某个时候患上进食障碍，甚至是你根本想不到的人。

正如我们无法控制自己的身体健康状况一样，我们也无法选择影响我们心理健康的东西。因此，患上进食障碍没有什么可羞耻的。与所有的心理疾病一样，当你患上它时，你会觉得不可能走出来，但事实并非如此。去看心理医生——有专门治疗进食障碍的心理医生——他们会借助适合的疗法帮助你渡过这个难关，这些疗法的效果现在越来越好了，而且可以避免让进食障碍对你的生活产生严重的影响。你应该非常认真地对待这个问题：据估计，厌食症的死亡率为5%~10%。

这是个禁忌话题，但你有权捍卫自己。如果有人对你的体重或身体做出评论，你完全可以告诉对方这让你感到不舒服。反过来，你也不要去评论别人的身体并抛开你的刻板印象。另外，除非别人明确地向你征求意见，否则不要对别人说"你胖了"或"你瘦了"，这既不是赞美也不是中肯的评论。体重的变化可能隐藏着很多你不知道的原因。这就是为什么不应该说一个非常瘦的人就一定有厌食症：疾病的名称绝不应该用来描述一个人的外貌或行为。

进食障碍的类型

以下是几种常见的进食障碍，尤其常见于青春期的女孩，它们可能会同时出现，也可能会分阶段出现。

- 厌食症：严格且自愿地限制进食，可能还伴有高强度的体育活动。
- 贪食症：发作期间，在短时间内强迫性地摄入大量食物，直到胃痛。
- 暴食症：发作时暴饮暴食，但希望控制体重，因此往往在发作后呕吐或进行过量的运动。
- 正食症：沉迷于"健康饮食"，导致形成一种将越来越多的食物（糖、盐、脂肪等）排除在外的严格饮食。

你身边是否有人患有进食障碍？

有一些迹象可以帮助你确认，比如手上会留下痕迹（强迫性呕吐造成的）、不停谈论食物和约束进食的倾向，或者月经的消失。如果这个人是你在乎的，那么你可以试着谨慎地问问他是否一切都好。当对方向你敞开心扉并承认他有进食障碍时，你要向他保证会支持他，提醒他这没有什么可羞愧的，你愿意陪伴他去寻求帮助。

永远不要评判有进食障碍的人，即使你认为有比这"更严重的问题"，或认为当事人很漂亮，因此"没有理由"患上进食障碍。这种讲道理是帮不到他的，而且你要明白，经常伴随着进食障碍的丑形恐惧症（对自己身体的错误看法，比如肥胖的身材和面部特征等），会使得当事人根本不会像你那样去看待自己的身体。这些看法取决于大脑，而不是身体本身。所以不可小觑这个问题，你不是这方面的专家，当事人所需要的是……时间和支持！

 另见：难堪、心理健康

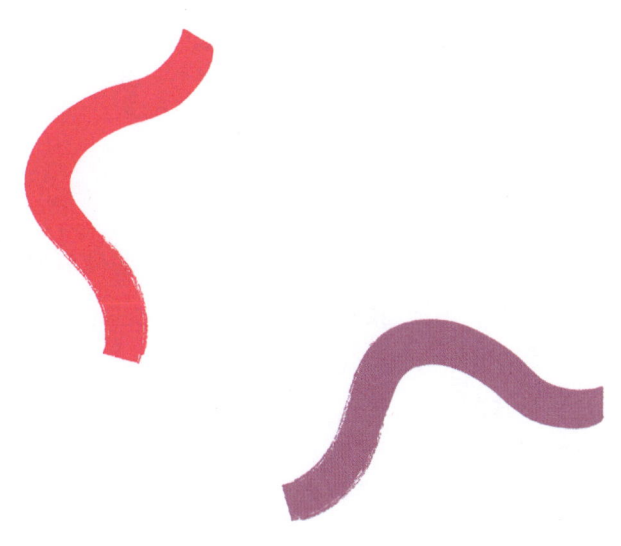

纯素主义 (Véganisme)

纯素主义，是纯素主义者奉行的一种生活方式，不使用任何导致动物遭受剥削的产品。

反对物种歧视的抗争

纯素主义的理念是杜绝人类对其他物种的剥削，让每个物种都能相安无事地生活。事实上，我们认为人类优于其他物种的观点会形成一种被称为"物种歧视"的压迫。

纯素主义者的强硬行动使得赞同纯素食的人经常遭到嘲笑。但是，尽管他们的抗争有时看起来很暴力，但随着时间的推移，这种抗争推动了现状的改变：例如，流行了很久的皮草现在越来越少见了，包括高订时装中的皮草。甚至连动物皮革也趋于消失。

为大自然做出的选择

纯素主义与生态学也有着密切的关联。畜牧业是森林砍伐的主要原因，产生大量的温室气体并消耗大量的水（生产1公斤牛肉需要1.5万升水）。因此，主张纯素主义的人也会经常参与环保运动。他们认为，大自然和居住在其中的生物共同构建了一种平衡，一种不应被打破的平衡。

对身体的奖励

最后，人们也可能是出于健康原因而成为纯素主义者：避免某些健康问题或疾病，比如过量食用红肉引起的高胆固醇或某些癌症。但是，以肉类为主的烹饪传统在文化中占据核心地位的国家，奉行纯素主义对很多人来说会异常困难！

在你决定选择这种生活方式之前，尤其是在你这个需要均衡饮食来保障健康成长的年纪，请确保你已经掌握了替代品：你在营养摄取上不能有所欠缺。例如，你无法再从肉类中获取的蛋白质可以从其他食物中获取。

不同程度的素食

关于素食主义,有几个不同的程度——不要混淆。

- 反物种歧视主义:不给动物物种划分等级。
- 素食主义:不食用动物肉(鱼和肉)。
- 饮食纯素主义:不食用动物蛋白(鱼、肉、蛋、牛奶、蜂蜜等)。
- 纯素主义:不用从动物身上获取的产品(鱼、肉、蛋、牛奶、蜂蜜、羊毛、皮革、皮草等)。

为你自己做决定

推行纯素主义甚至会改变我们的言语,让我们不再把任何人称为狗或猪。但是,改变不会在一夜之间发生,这是一场长期的抗争。因此,即使你对这些想法深信不疑,但如果你对任何用"动物名字骂人"的人都横加呵斥,或者指责你奉行素食的亲戚做得不够好,那么你可能无法劝服任何人,得到的只有嘲笑和责骂。你要接受这样的事实:每个人都有自己的路要走,而且出于经济或健康的原因,并非每个人都能采取你所认为的最好的做法。

➡️ **另见：生态** ⬅️

强奸 (Viol)

强奸是未经当事人同意的性交（以任何方式）。
这是一种违法犯罪行为。

从"非礼"到"强奸"

"强奸"这个说法并不是一直都有的。在中国，"强奸"一词出现得非常早。在法国，直到20世纪70年代末，强奸都常常被称为"非礼"，这导致对肇事者的惩罚很轻。但是，多亏了女性不懈的抗争和相关法律的通过，强奸现在已经是一种被明确定义的严重罪行。尽管还有很长的路要走，但我们一直在前进！

吉赛尔·艾里米的抗争

法国律师吉赛尔·艾里米对此做出了巨大贡献。1978年，在普罗旺斯地区艾克斯的一桩审判中，她的辩护让强奸犯被重判。她让人们认识到，单身女性和独居女性被强奸不是"自找的"。这次审判对社会产生了极大的影响，并导致了相关法律的改革。

"完美强奸"的无稽之谈

"强奸文化"使得强奸犯很少受到惩罚，而且社会上存在着一种对强奸的幻想——"完美强奸"。"完美强奸"是由一个陌生人、在晚上、在一个黑暗的角落（比如荒无人迹的小巷或停车场）实施的，而且是在受害者试图使用武器保护自己的情况下实施的。

然而，绝大多数强奸案完全不是这样的，这使得受害者很难感到自己在情理上站得住脚。事实上，"完美强奸"只占所有强奸案例的10%。在剩下的案例中，受害者认识强奸犯，甚至可能还信任强奸犯，强奸犯有可能是受害者的家人、朋友，甚至是配偶或前男友。强奸可能发生在家庭聚会上、派对上或任何时间。不存在什么典型的强奸。

因此，如果你的遭遇不符合典型强奸的陈词滥调，请不要自责。手足抽搐或震惊（无法对危险做出反应），是一种普遍存在但无法控制的心理现象（你的大脑在遇到危险时会关停），而信任某人完全是人之常情。这不是你的错，在任何时候，无论你当时处于什么状态，或者你和那个人是什么关系：他都无权对你这样做。

收集证词

永远不要质疑受害者的遭遇，这种遭遇已经是非常沉重的负担了。受害者向你倾诉，那是因为她完全信任你。如果她公开自己的遭遇，那是因为她认为必须这么做，无论是为了她自己还是为了其他潜在的受害者：这是一种勇敢的举动，你只能赞赏，而不能评判。

如果有人告诉你她遭受强奸的经历，请你不要说出"强奸"这个词。因为受害人可能还没有完全意识到自己被强奸了，你也不可能一直在那里替受害人承担可能的后果。而充当心理医生或者律师是很危险的举动。心怀这种善意固然很好，但你也必须

保护好自己，特别是如果你也经历过这种情况的话。

事后的重新振作

不要因为提起诉讼而有任何压力。你这么做很重要，可以让正义得到伸张，还可以让罪犯不再侵害其他人，但你没有义务这样做。审判是一个漫长的过程，有时候代价高昂，尤其是，你要承受很多痛苦，因为你必须再次体验你所经历的一切并面对强奸犯的辩白。如果你觉得这对你重新振作起来很重要，那我会鼓励你提起诉讼，因为最重要的就是支持所有能让你好起来的做法。

如果情况相反，或者你还没有做好准备，那么没有人可以为你做决定。你去公安机关控告强奸犯罪时，可以找一个会一直支持你的人陪你一起去。与此同时，去医院做身体检查，让医生为你出具遭受暴行的相关证明。

为了向前看，你可以选择向心理医生（有的心理医生专门帮助此类事件的受害人）求助，他们会帮你避免这些创伤在身上扎根，并在你此后的生活中为你提供支持。找人陪伴你，不要感到羞愧：在任何时候这都不是你的错。保护好自己！在这个问题上，尤其要避免仓促地投入性生活中：无论是失去了性欲，还是你觉得需要通过某些性行为来重新获得对自己身体的掌控，都不要以任何方式评判自己。尽管按照自己的意愿去做，同时提醒自己你不欠别人任何东西，如果你不觉得自己有创伤，也不要有负罪感。但是，如果你有负罪感，或是这一切让你心神不宁并影响到了你……那就说出来！这永远都不会太晚。

 另见：乱伦、公正、创伤、心理健康、暴力

暴力 (Violence)

暴力定义了所有旨在通过武力或胁迫来压迫、压制或伤害他人的行为。暴力显然可以是身体上的（拳打脚踢），也可以是心理上的（骚扰等）。

为避免暴力而战

我们的社会是以这样一种方式组织起来的，即不诉诸暴力来解决冲突，这样强者法则就不会成为至上之法。这是法律的目标之一，它必须保护每个人。

作为个体，你可以选择沟通而不是拳打脚踢、侮辱或蔑视。即使你觉得自己是从某个暴力事件中全身而退的赢家，但你这么做依然是自降身价。一些人很容易热血沸腾并本能地想要反抗。但是，我在这里所说的意思绝对不是叫你放任自流或视而不见（有时候，我们甚至有责任进行干预），而是要避免陷入泥潭。

在愤怒或复仇心理的驱使下，暴力在人的内心深处催生出争斗的需求，这种需求会不断增长，并对他人造成严重的后果。瞬间被仇恨或愤怒吞噬的感觉非常可怕，以至于你会觉得无法再控制自己。避免让这一切发生在自己身上——比如感到神经异常紧绷时，你就一个人待着，或者在做出不合时宜的举动之前先深呼吸和思考10秒钟。接下来，想一想如何能避免对这种内在的暴力如此敏感。即便情有可原，它也会吓到你，而且会让你陷入麻烦。

私人领域的虐待

关于私人领域的虐待，也就是亲子关系或夫妻关系中的虐待的讨论有很多。这种虐待可以是身体虐待或性虐待：扇耳光、打屁股、扔东西、性侵犯。无论文化或家庭如何，任何身体上的欺凌行为都是法律禁止的，尽管有些人认为这是正常和有教育意义的。

虐待也可以是心理上的，比如长时间无缘无故对一个人吼叫或加以贬低，或是让这个人觉得自己疯了、觉得自己的感觉不合情理（这就是所谓的"煤气灯效应"），甚至是对一个人负有法律责任却又对这个人视而不见。即使没有拳打脚踢，也会给这个人留下伤痕。

经历暴力或目睹暴力场面，都会对人产生深远的影响。这些都是刻骨铭心的画面，对这些画面的记忆很容易被重新激活。虐待的后遗症不仅体现在身体上，还会以创伤的形式出现，可能导致心理后果，并使个体的构建更加困难。为了防止这一切对你的生活和心理平衡产生长期影响，接受心理治疗很有必要。

如果你觉得自己或者身边的人正在遭受虐待，请告诉值得信赖的成年人或者报警。有为儿童提供保护的部门和机构，也有为女性或弱势群体提供保护的部门和机构。无论施暴者对你说什么，这都不是你的错：一定要记住这一点。重点是要能够说

出来，无论这么做有多难，因为只有说出来才能让其他有资质的人照顾你并保障你的安全。

社会中的暴力

在这个标准化的社会里，还存在着"符号暴力"：享有特权的人以间接的方式通过拒绝承认他人的权利或自由，或是让他们知道自己不合时宜或不重要来对他们施加压迫，因为这些特权人士认为，只有他们的生活方式或思维方式才是合理的。例如，在公共空间里，女性总是会面对关于她们身体或穿着的带有性别歧视或性意味的评论，这些评论或多或少都带有攻击性。非本地人在就业或租房时受到歧视，或者频繁遭到让他们感到不舒服或低人一等的微攻击（基于偏见的冒犯），这也是符号暴力。

社会中还存在一种潜在的暴力，比如媒体为了博人眼球而不断制造话题（虚假报道或不断强调负面的东西），想要保护好自己，你就要不断增长学识，以便更好地了解正在发生的事情，但也要能够筛选汹涌而来的信息……而不要惯性地对所有的事情都形成一刀切的看法。

➡️ 另见：网络欺凌、街头骚扰、乱伦、高中、公正、强奸 ⬅️

职业教育 (Voie professionnelle)

职业教育，长期以来一直被错误地看衰。
然而，职业教育可以让你迅速学习并从事具体而令人兴奋的职业。

越来越受青睐的选择

目前，经济危机、生态危机或健康危机导致很多选择在"第三产业"工作（基本上是在办公室）的人感到有必要让自己的生活重新具有意义，于是，他们离开工作岗位去学习手工工作。这些工作要求很高，能够满足人的基本需求，而且每天都有产出，而这种实在感是非常珍贵的。

实现你自立的梦想

职业教育是实现就业无忧的好办法。一方面，你会以非常具体的方式学习一门特定的手艺；另一方面，有一件事可以肯定，那就是社会永远都会需要面包师、电工、汽车修理工或餐馆老板！

职业教育的另一个优势，就是可以快速就业。当其他人还在接二连三地做着无薪或低薪的实习，以及随后朝不保夕的工作时——即便在经历了多年的求学之路后——选择了职业教育的你早就开始工作了。而且，即使你念的是半工半读的课程、工资没那么高，你也是靠自己赚钱，这会让人感到相当满足。

你的选择是正确的

职业教育，不一定是退而求其次的选择！这是你深信不疑的决定，肯定要好过去你不感兴趣的普通高中无聊度日。选择对你有意义的事情很重要。

说服你的父母

对父母而言,让孩子选择一条他们不了解的道路总会让人担心。你就是这种情况?如果父母不理解你,你就要让他们看到职业教育的好处:

- 稳定的工作。
- 稳定的工资。
- 忙碌的日程安排会让你更上一层楼。
- 声望(比如在美食行业)。
- 热情。

你们还可以一起去参观学习场所。这会让你更加坚定自己的选择,也能让父母放心!向你的学校了解情况并记住:改变主意永远不会太晚,在你这个年纪,一年的时间不会搭进去你的一生,所以不要犹豫,尽管去尝试吧!

另见:初中、高中、实习

旅行 (Voyage)

旅行意味着离开，去发现你还不知道的东西，或者只是为了再次看看你喜欢的地方。

旅行是为了你自己，而不是为了拍照

社交网络比以往任何时候都更能让我们产生这样的感觉：旅行是自我实现的必要条件，而不幸的是，并非人人都有钱、有闲。你也可以不喜欢旅行，更喜欢待在家里的感觉，这没有什么可难为情的：这不会让你成为一个无趣的人。你要谨记：如果只是为了向别人展示你去旅行了，或者你到达了目的地，那么旅行就没有任何意义了。有时候，最美好的旅行是去到那些出乎意料、不太引人注目而且距离你家不远的地方。

真正去了解所到之地

如果你去了国外，那就去深入地感受一下这个国家的整体氛围和风土人情：这并非指到处横冲直撞（比如强行和当地儿童合影，这是不尊重人的行为），而是指去市场逛逛、悠闲地在街头漫步、坐在阳台上观察过往的路人和眼前的生活。如果你想对所到之地有更多的了解，与其疯狂地参观很多地方，不如在一个地方驻足观察当地人的日常生活。

人生的第一趟旅行，是发现自我的旅行

很多人在某一天踏上了环游世界的旅途，为的是逃离不再适合他们的生活。如果你觉得环游世界很诱人，那么你应该知道，无论走到哪里，即使把一切都抛在脑后，你的烦恼也会如影随形，任何外部的东西都无法治愈压抑在内心的伤痛。同样，如果你旅行的目的是逃离而不是发现，那么你的心魔肯定会爬进你的行李箱。所以，在尝试环游世界之前，先去发现你自己吧！

 另见：社交网络

著者 安娜·图马佐夫

安娜凭借丰富的个人经历以及她在由14~25岁人员组成的社群中频繁交流得到的经验，将自己定义为一位大姐姐。她能够安抚青少年，同时鼓励他们成为更好的自己。她以幽默和善意回答了他们可能不敢向父母提出的问题，帮助他们解读青春期的变化，传递爱与自爱的信息。

绘者 梅洛蒂·丹图尔克

一位平面设计师和插画家。她毕业于巴黎高等应用艺术学院，目前在巴黎康德学院的插图系教授动画课程。她为儿童和成人创作各类作品，幽默感和现代性一直是她的主要特点，她喜欢在平面设计和插画中体现这些特点。

译者 欧瑜

西安外国语大学法语学士，巴黎高等翻译学院（ESIT）汉法英笔译硕士，现为云南大学外国语学院法语教师。出版译著《被虚构的焦虑》《你好，焦虑分子！》《无处不在的人格》《心理医生的人生故事》《神奇植物志》《法语情景会话句典》《牛顿传》等三十余部。